गाँव-घर

कहानियाँ रिश्तों की

अखिलेश

जन्म : 1960, सुल्तानपुर (उ.प्र.)।

शिक्षा : एम.ए. (हिन्दी साहित्य), इलाहाबाद विश्वविद्यालय।

कृतियाँ :

कहानी-संग्रह : आदमी नहीं टूटता, मुक्ति, शापग्रस्त, अँधेरा। *उपन्यास :* अन्वेषण, निर्वासन। *सृजनात्मक गद्य :* वह जो यथार्थ था। *आलोचना :* श्रीलाल शुक्ल की दुनिया (सं.)।

सम्पादन : वर्तमान साहित्य, अतएव पत्रिकाओं में समय-समय पर सम्पादन। आजकल प्रतिष्ठित साहित्यिक पत्रिका तद्भव के सम्पादक। 'एक कहानी एक किताब' शृंखला की दस पुस्तकों के शृंखला सम्पादक। 'दस बेमिसाल प्रेम कहानियाँ' का सम्पादन।

अन्य : देश के महत्त्वपूर्ण निर्देशकों द्वारा कई कहानियों का मंचन एवं नाट्य रूपान्तरण। कुछ कहानियों का दूरदर्शन हेतु फिल्मांकन। टेलिविजन के लिए पटकथा एवं संवाद लेखन। अनेक भारतीय भाषाओं में रचनाओं के अनुवाद प्रकाशित।

पुरस्कार/सम्मान : श्रीकांत वर्मा सम्मान, इन्दु शर्मा कथा सम्मान, परिमल सम्मान, वनमाली सम्मान, अयोध्या प्रसाद खत्री सम्मान, स्पन्दन पुरस्कार, बाल कृष्ण शर्मा नवीन पुरस्कार, कथा अवार्ड।

सम्पर्क : 18/201, इंदिरानगर, लखनऊ-226016 (उ.प्र.)।

पंकज मित्र

जन्म : 15 जनवरी, 1965

शिक्षा : एम.ए., बी.एड., टेली प्रॉडक्शन में पी.जी. डिप्लोमा, शोधकार्य तकरीबन पूर्ण।

सृजन : पहला कथा-संग्रह क्विजमास्टर और अन्य कहानियाँ। विभिन्न प्रतिष्ठित पत्र-पत्रिकाओं में कहानियाँ प्रकाशित।

सम्मान : इंडिया टुडे साहित्य वार्षिकी '97 का युवा लेखन का प्रथम पुरस्कार, भारतीय भाषा परिषद्, कोलकाता का युवा पुरस्कार और इसराइल सम्मान।

सम्प्रति : आकाशवाणी, हजारीबाग में प्रसारण अधिकारी।

सम्पर्क : आकाशवाणी, हजारीबाग (झारखंड)।

आवरण : पूजा आहूजा

पूजा आहूजा ने ललित कलाओं में अपनी शिक्षा सोफिया कान्वेंट, मुम्बई से प्राप्त की। आप पेंगुइन बुक्स इंडिया में मैनेजिंग ग्राफिक डिजाइनर रही हैं। फिलहाल स्वतंत्र रूप से कार्य कर रही हैं।

शृंखला की अन्य पुस्तकें

रिश्तों के रंग अनेक

प्रेम

दाम्पत्य

परिवार

माँ

पिता

सहोदर

दादा-दादी नाना-नानी

बड़े-बुज़ुर्ग

दोस्त

मानवता

श्रृंखला सम्पादक : अखिलेश

गाँव-घर

कहानियाँ रिश्तों की

सम्पादक

पंकज मित्र

राजकमल पेपरबैक्स में
पहला संस्करण : 2014

राजकमल पेपरबैक्स : उत्कृष्ट साहित्य के जनसुलभ संस्करण

राजकमल प्रकाशन प्रा. लि.
1-बी, नेताजी सुभाष मार्ग, दरियागंज
नई दिल्ली-110 002
द्वारा प्रकाशित

शाखाएँ : अशोक राजपथ, साइंस कॉलेज के सामने, पटना-800 006
पहली मंज़िल, दरबारी बिल्डिंग, महात्मा गांधी मार्ग, इलाहाबाद-211 001
36 ए, शेक्सपियर सरणी, कोलकाता-700 017

वेबसाइट : www.rajkamalprakashan.com
ई-मेल : info@rajkamalprakashan.com

बी.के. ऑफसेट
नवीन शाहदरा, दिल्ली-110 032
द्वारा मुद्रित

मूल्य : ₹ 150

आवरण : पूजा आहूजा

KAHANIYAN RISHTON KI : GAON-GHAR
Series Editor Akhilesh
Edited by Pankaj Mitra

ISBN : 978-81-267-2549-6

प्रकाशकीय

'कहानियाँ रिश्तों की' पुस्तक शृंखला की योजना सहसा नहीं बनी। यह अनुभव किया जा रहा है कि विभिन्न आर्थिक, सामाजिक और व्यक्तिगत कारणों से सम्बन्धों की अन्त:सलिला क्षीण हो रही है। सम्बन्ध वे सतरंगी सूत्र हैं जिनसे मनुष्यता का इन्द्रधनुषी पट बुना और बना है। व्यापक स्तर पर कहें, तो समग्र सृष्टि ही सम्बन्धों के सतत चक्र का प्रतिफल है। हमारा ध्यान हिन्दी कहानियों की ओर गया जिनमें सम्बन्धों की एक समृद्ध मंजूषा मौजूद है। साहित्य की यही विशेषता है कि वह विस्मृति का धुँधलका दूर कर पाठक को मनुष्यता की नई सुबह के लिए जाग्रत करता है।

इस सन्दर्भ में अनेक रचनाकारों और मित्रों से चर्चा हुई। उन्हें भी यह योजना अच्छी लगी। तय किया गया कि इस पुस्तक शृंखला में कुछ चुनिन्दा सम्बन्धों पर पुस्तकें प्रकाशित हों। फलत: जिन सम्बन्धों पर पुस्तकें प्रकाशित की जा रही हैं वे है–प्रेम, दाम्पत्य, परिवार, माँ, पिता, सहोदर, दादा-दादी नाना-नानी, बड़े-बुजुर्ग, दोस्त, गाँव-घर, मानवता। ये पुस्तकें पाठकों की संवेदना व भावना को प्रशस्त करेंगी, ऐसी हमारी मंगलाशा है।

हमारी हार्दिक इच्छा है कि सुधी पाठक इन पुस्तकों को पढ़कर अपनी प्रतिक्रियाओं से हमें अवगत कराएँ। पुस्तकों में सम्मिलित कहानियों पर अपनी राय देते हुए यह सुझाव भी दें कि इन सम्बन्धों पर और किन कहानियों को शामिल किया जा सकता है। यह भी बताएँ कि क्या कुछ और ऐसे सम्बन्ध हैं जिनको केन्द्र में रखकर लिखी गई कहानियों को इस शृंखला में रखा जाना अपेक्षित है। पाठकों की सहभागिता से ही शब्दों का लोकतंत्र मजबूत होता है।

‘कहानियाँ रिश्तों की’ शृंखला की पुस्तकें विभिन्न अवसरों पर भेंट की जा सकती हैं।...या कोई भी व्यक्ति इन्हें पढ़ते हुए अपने रिश्तों का कोई गुमनाम...लापता सिरा हासिल कर सकता है। यह भी जाना जा सकता है कि समय और समाज की गति-मति रिश्तों में व्याप्त आत्मीयता को किस तरह तीव्र अथवा क्षीण करती चलती है। एक संक्रमणशील समाज में सम्बन्धों के भास्वर भविष्य को समर्पित है यह पुस्तक शृंखला-‘कहानियाँ रिश्तों की’।

रिश्तों की बुनियाद पर

सम्बन्धों पर आधारित कहानियों की यह शृंखला पाठकों, शोधार्थियों, समाजशास्त्रियों और सामाजिक चिन्तकों के लिए सादर प्रस्तुत है।

यूँ तो हर अच्छी कहानी, सभी अच्छे किस्से इनसानी रिश्तों की बुनियाद पर ही रचे जाते हैं किन्तु कहानियों के हमारे इन संकलनों की नाभि में रिश्तों को सबसे प्रमुख कारक मानने के पीछे कुछ अन्य वजहें भी हैं जिनकी चर्चा यहाँ अनुचित नहीं होगी।

भारतीय समाज में रिश्तों को जितनी मजबूती, आत्मीयता और ऊर्जा हासिल रही है, वह विरल है। एक तरह से कहा जा सकता है कि इस देश के यथार्थ को रिश्तों की समझ के बगैर जाना-समझा नहीं जा सकता है। माँ-पिता, भाई-बहन, दोस्त, दादी-नानी, बाबा-नाना, मामा, मौसा-मौसी, बुआ-फूफा, दादा, चाचा, दोस्ती–अनगिनत सम्बन्ध हैं जो लोगों के अनुभव-संसार में जीवन्त हैं और जिनसे लोगों का अनुभव-संसार बना है। इसीलिए हमारे देश की विभिन्न भाषाओं में लिखी गई कहानियों, उपन्यासों आदि में ये रिश्ते बार-बार समूची ऊष्मा, जटिलता और गहनता के साथ प्रकट हुए हैं। न केवल लेखकों, कवियों, कलाकारों बल्कि सामाजिक चिन्तकों के लिए भी ये रिश्ते एक तरह से लिट्मस पेपर हैं जिनसे वे अपने अध्ययन क्षेत्र के निष्कर्षों, स्थापनाओं, सिद्धान्तों की जाँच कर सकते हैं। अत: रिश्तों पर रची गई कहानियों की यह शृंखला हमारी दुनिया का अंकन होने के साथ-साथ हमारी दुनिया को पहचानने और उसकी व्याख्या करने की परियोजना के लिए सन्दर्भ कोश के रूप में भी ग्रहण की जा सकती है।

कहना जरूरी है कि हमारे देश में विभिन्न प्रकार के नजदीकी मानव सम्बन्धों का स्वरूप कोई स्थिर चीज नहीं रहा है। तरह-तरह के सामाजिक, आर्थिक, सांस्कृतिक परिवर्तनों के सापेक्ष उसमें बदलाव होते रहे हैं। इस शृंखला की विभिन्न कड़ियों में कहानियों के चयन के समय इस बात का ध्यान रखा गया है कि वे किसी एक खास अवधि या कालखंड की न होकर समूची हिन्दी कहानी के खजाने से चुनी जाएँ। अत: इन कहानियों के पाठ से गुजरना आधुनिक समाज के परिवर्तन, विकास

और इनके मानव आत्मा पर पड़नेवाले असर को समझने में भी मददगार हो सकता है। यहाँ उल्लेखनीय है कि कहानियाँ सामाजिक अध्ययन की खुराक भर न हों, इनके होने की बुनियादी और अपरिहार्य शर्त इनका कहानी के रूप में भी सार्थक और विशिष्ट होना है। इसलिए आप इस शृंखला के विभिन्न संकलनों में हिन्दी के वरिष्ठ एवं नए कथाकारों की प्रसिद्ध कहानियों को पढ़ सकते हैं।

इस योजना के सम्पादन के सन्दर्भ में यह कहना आवश्यक है कि इसके प्रत्येक संकलन के अलग-अलग सम्पादक हैं जिनकी समकालीन रचनाशीलता में अपनी ठोस उपस्थिति है। सम्पादन और चयन का वास्तविक कार्य उन्होंने ही किया है। अत: इस आयोजन में जो कुछ अच्छा और स्वीकार्य है वह उन्हीं के कारण है। जो कमियाँ हैं, अन्तर्विरोध हैं यदि वो हैं तो बतौर शृंखला सम्पादक मेरी त्रुटियों, सीमाओं के कारण हैं, उनके लिए मैं आपसे यही अनुरोध करूँगा कि मुआफ करते हुए रिश्तों के इस कथा-संसार में सम्मिलित हों।

आखिर में, मैं राजकमल प्रकाशन के प्रबन्ध निदेशक श्री अशोक महेश्वरी जी का आभारी हूँ कि उन्होंने इस परियोजना के लिए अपनी स्वीकृति दी और शृंखला सम्पादक के रूप में मुझे कार्य करने का न केवल अवसर प्रदान किया बल्कि काम करने की प्रक्रिया में हर तरह की स्वतन्त्रता और सहूलियतें दीं।

भूमंडलीकरण और संचार क्रान्ति के बाद दुनिया काफी बदल गई है। भारतीय समाज के विषय में विचार करें तो कह सकते हैं कि उक्त बदलाव का सर्वाधिक असर यहाँ इनसानी रिश्तों पर ही पड़ा है। उस पर इतने आघात, इतने घाव हुए हैं कि उसके विगत चेहरे को पहचानना नामुमकिन हो चुका है। रिश्तों के मध्य की गरमजोशी, संवेदना, विश्वास, एका आदि के तार छिन्न-भिन्न हो रहे हैं। हम कह सकते हैं कि रिश्तों का यह भरा-पूरा संसार छूट रहा है, बिछड़ रहा है। जब कोई चीज हमसे दूर होती है, छूटती है तभी शायद हमें उसकी सर्वाधिक जरूरत होती है। ये कहानियाँ जड़ों से कटते जा रहे अकेले, निहत्थे आज के आदमी की इस दिशा में कुछ मदद कर सकें, उसके सरोकार और जज्बातों को थोड़ी ताकत दे सकें, यही हमारी आकांक्षा है।

—अखिलेश

सम्पादकीय

एक बच्चे ने एक पौधा लगाया था। रोज पानी देता था उसमें। देख-देखकर प्रसन्न होता था, रोज उसकी जड़ों के पास से मिट्टी हटाकर देखता है। जड़ें, कितनी बड़ी हुईं। माँ ने जो कहा था। जड़ें बड़ी होंगी, तभी पौधा भी बढ़ेगा। इस बालसुलभ उत्सुकता से पौधे का जो हश्र होना था वही हुआ। क्या यह बच्चे का जड़ों से लगाव था या बार-बार जड़ों में घुसकर देखने का नतीजा? जाहिर है कि यह जड़ों का लगाव नहीं हो सकता क्योंकि जड़ें जाती तो हैं जमीन में गहरे पौधे के लिए प्राणशक्ति जुटाने, उनको बार-बार देखना खतरे से खाली नहीं होता। जड़ों से लगाव तो देता है जीवन, देता है स्थायित्व। जड़ें होती हैं स्मृति पौधे की लेकिन पौधे को तो बढ़ना है यथार्थ के हवा-पानी के सहारे, आकाश का स्वप्न आँखों में लिये। पौधे की जगह आप कहानियाँ भी रख सकते हैं। जड़ों से लगाव की कहानियाँ मूल रूप से वे कहानियाँ हैं जिनमें अतीत, बोध के रूप में आता है, निछक अतीत के रूप में नहीं और वर्तमान के प्रश्नों से मुठभेड़ करता हुआ। केवल अतीत मुग्धता जन और जीवन दोनों की विरोधी बनाती है कहानियों को। शायद हमारे समय के दो बड़े लेखकों प्रेमचन्द एवं निर्मल वर्मा में अतीत को लेकर दृष्टिकोण की भिन्नता ही उनकी कहानियों को अलग-अलग व्यक्तित्व देती है। यह अनायास नहीं है कि निर्मल वर्मा प्रवासी जीवन में आस्वाद के बाद जड़ों में कुछ ज्यादा गहरे उतर जाते हैं। भाषा का ऐश्वर्य निर्मल वर्मा के यहाँ भी है और रेणु के यहाँ भी, लेकिन रेणु कथा-स्थितियों, जीवनानुभवों, जीवन-संघर्षों एवं भाषायी ऐन्द्रिकता का एक ऐसा ताना-बाना रचते हैं जिसमें जड़ों से उनका लगाव ज्यादा गहरा और आत्मीय लगने लगता है।

वैसे तो हिन्दी कहानियों के विपुल भंडार में गाँव-घर या जड़ों से लगाव की कहानियाँ भी बहुत हैं और इस लगाव के दावे भी बहुत हैं, लेकिन इस चयन में हिन्दी कहानी की लोकधर्मी परम्परा के निर्वाह का प्रयास है और समावेशी प्रतिनिधि संचयन की प्रकृति को बनाए रखने का भी। प्रेमचन्द की कहानी 'यह मेरी मातृभूमि है' जो 'सोजेवतन' संकलन में 'यह मेरा वतन' है के नाम से छपी थी। इस कहानी के चयन पर बहुतों को ऐतराज हो सकता है। हिन्दुत्ववादी जैसे आरोप भी लग सकते हैं लेकिन उस समय को ध्यान में रखते हुए अगर कहानी

को देखें तो इसकी परतों के नीचे व्यंजना की जो शक्ति छिपी है उसे भी देखना चाहिए। अनाचारी ब्रिटिश शासन के अन्तर्गत भारत की दुरवस्था एवं देशभक्ति की भावना का उद्रेक–यह कहानी एक प्रतिरोध का रूपक रचती है जिसमें केवल अतीत का मोह नहीं वरन् आजादी की चाहना और अपने तरीके से देशनिर्माण की अभिलाषा भी शामिल है।

राधाकृष्ण की कहानी 'कानूनी और गैरकानूनी' जड़ों से अलगाव एवं लगाव की प्रारम्भिक कहानियों में से एक है। प्राकृतिक सम्पदा के दोहन, किसानों की भूमि से बेदखली, अंग्रेजी साम्राज्यवाद की कानूनी और गैरकानूनी की अवधारणाएँ जिससे सिर्फ उनके दलाल जमींदारों को लाभ मिले और प्रकारान्तर से उन्हें भी विस्थापन के दौर और अलगाव से लगाव तक की दास्तान बयान करती इस उपेक्षित कहानी को इसकी उचित प्रतिष्ठा देने के लिए स्थान दिया गया है इस संचयन में।

रेणु मानव-मन के अद्‌भुत चित्रकार हैं। उनके लिए गाँव-घर मानवीय सम्बन्धों में आस्था से भी जुड़ा है। जड़ों से अलग होना किस तरह सम्बन्धों में भी विघटन की सृष्टि कर जाता है, इस बात को बड़े कलात्मक तरीके से कहती है–'विघटन के क्षण'। यह विघटन सिर्फ विजयादी और चुरमुन के आत्मीय सम्बन्धों में ही घटित नहीं होता बल्कि जड़ें गाँव में थीं–तीज-त्योहार, खेत-खलिहान, लोग-बाग, पेड़-पौधे, चिड़िया-चुनमुन से लेकर कीड़े-मकोड़े तक, उनसे सम्बन्धों में भी घटित होता दिखता है। तभी विजयादी का यह संकल्प कि 'कोई मारे या काटे, वह अपने गाँव से नहीं लौटेगी अभी' इसी लगाव की जिद्‌दी अभिव्यक्ति है।

अपनी जमीन से निर्वासन से उपजे गहरे अवसाद की कथा है भीष्म साहनी की 'ओ हरामजादे'। इस अवसाद में अपनी धरती की स्मृति के चमकदार जुगनू जीवनीशक्ति जगाते हैं लाल के जीवन में। पंजाब की संस्कृति जो उसकी रक्त-मज्जा में बह रही है उसे एक लम्बा प्रवास भी बेगाना नहीं कर पाया। धन, पद, प्रतिष्ठा, परिवार कुछ भी उसे लगाव से अलग नहीं कर पाया। इतना गहरा और आत्मिक है यह लगाव कि बेगानेपन एवं अजनबियत के अन्धकार में लाइट हाउस की तरह रोशनी दिखाता रहता है। अनुशासित एवं निरुद्वेग जीवन के बरक्स आवेग से लबरेज जीवन की स्मृतियाँ इस गहरे लगाव की कथा कहती हैं।

पहाड़ के लेखकों की स्मृतियों में रचा-बसा पहाड़ बार-बार बुलाता रहता है जैसे हर गरमियों में शेखर जोशी की कहानी 'व्यतीत' के बाबूजी। बाबू के जड़ों से लगाव की राह में सबसे बड़ी बाधा है बेटे-बहू का निम्न-मध्यवर्गीय जीवन-स्थितियों से लगातार संघर्ष। पड़ोसी निगम साहब के लिए गरमियों में पहाड़ जाना भले ही विलासिता हो लेकिन बाबू की स्मृतियाँ ही पहाड़ से बनी हैं और इस लगाव को मिलती रहती है मौन-मुखर अभिव्यक्ति बाबू के एकालापों में।

पहाड़ के ही एक बड़े लेखक शैलेश मटियानी की कहानी 'अर्धांगिनी' वैसे तो रागात्मक प्रेम की अद्‌भुत कथा है लेकिन यह कहानी अपनी जड़ों से उत्कट लगाव की रोशनी में भी देखी जानी चाहिए। पहाड़ी जीवन में विकट परिस्थितियाँ, पहाड़ के फौजियों की जीवन-स्थितियाँ पहाड़ की स्त्रियों का दारुण जीवन, इन्तजार की डोर के सहारे झूलती जिजीविषा उनकी और साथ-साथ महत्त्वपूर्ण बैकग्राउंड म्यूजिक की तरह अनवरत बजता जड़ों से लगाव का संगीत—एक अद्‌भुत सिम्फनी प्रस्तुत करती है यह कहानी जो हिन्दी की प्रेम-कथाओं में भी अपने लिए अलग स्पेस की माँग करती है।

ज्ञानरंजन की 'अमरूद का पेड़' संकेतों में जड़ों से लगाव को प्रदर्शित करती है। अमरूद का पेड़ ही वह प्रतीक है जो पूरे परिवार की जड़ों के रूप में विकसित होता है जिसमें परिवार की आशा-आकांक्षा, शुभ-अशुभ, जुड़ाव-अलगाव, हर्ष-विषाद सब जुड़े हैं। छाया, पत्ते, फूल, फल, आश्रय सब देता है यह पेड़ पूरे परिवार को, देखता है बच्चों को बड़ा होते, लेकिन किसी अज्ञात अशुभ की आशंका से काट दिया जाता है यह पेड़। फिर भी रह जाती हैं जड़ें, जितना जमीन के अन्दर उससे कहीं अधिक परिवार के सदस्यों के मन के अन्दर।

कई बार हम अपनी जड़ें भूल जाते हैं और ऑर्किड की तरह हवा में ही जड़ें समझने लगते हैं और जब कोई दूसरा जड़ों का सन्धान करता हुआ आता है तब हमें भी अपनी जड़ों का एहसास होता है—कुछ इसी तरह की कथा बुनी गई है स्वयंप्रकाश की 'सन्धान' में। विश्वमोहन जी अपनी जड़ों का सन्धान तभी कर पाते हैं जब उनके मित्र महानगर (महानगर) की भागदौड़ वाली जिन्दगी से ऊबकर उनके गाँव-कस्बे में आते हैं। जिन जड़ों को बेकार, पिछड़ा और दरिद्र समझकर पूरा परिवार एहसासे-कमतरी में डूबा था वही नई, हरी-भरी और जीवन में भरपूर लगने लगी। जड़ों के सन्धान से ही उपजा यह लगाव।

स्वदेश दीपक इंटेंसिटी के कथाकार हैं और 'बगूगोशे' की तरह की इंटेंस कहानी हिन्दी में कम है। है तो यह एक माँ की कथा लेकिन माँ का जड़ों से लगाव हर वक्त झाँकता रहता है कहानी में। जड़ों से उखड़े परिवार की एक माँ, हर वक्त उनकी स्मृतियों में रहता है उनका गाँव, उनके लोग, जहाँ से मिलती रहती है उसे जीवन जीने की ऊर्जा, बेबाकी और भरपूर जीवनी शक्ति। बगूगोशे बन जाता है प्रतीक इस जीवन-रस से भरपूर क्षणों का। शरणार्थी के कठिन जीवन संघर्ष झेल चुकी माँ की स्मृतियों में हैं उनकी जड़ें—उनका गाँव जो कहीं रावलपिंडी में था और है वहाँ के बगूगोशे जिनसे कभी अलग नहीं हो पाई हैं माँ। जीवन से लड़ाई में पाथेय रही हैं वहीं स्मृतियाँ, वहीं जड़ें।

यह अनायास नहीं है कि विद्यासागर नौटियाल की कहानी 'माटीवाली' की मुख्य चरित्र घर के चूल्हे-चौके, दीवाल-ओसारे, घर-आँगन की लिपाई-पुताई के

लिए घर-घर माटी पहुँचाने का काम करती। विडम्बना यह है कि टिहरी अब डूब की चपेट में है जिसमें बह जाएगी सारी माटी, फिर भी यह अनथक घरों में माटी पहुँचाने का काम करती जाती है। वह प्रतिनिधि है उस वर्ग की जिसमें भूख और भोजन में कौन ज्यादा मीठा है इस पर सन्देह है। अगर उसके पास कुछ है तो इसी इलाके में बसी उसकी जड़ें जहाँ उसके पूर्वजों का अन्तिम संस्कार हुआ था। लेकिन तथाकथित विकास का भीमकाय चक्र जब चल देता है तो कितनी ही जड़ों का उच्छेदन हो जाता है और कौन सुनता है माटीवाली की टेक–'गरीब आदमी का श्मशान नहीं उजड़ना चाहिए'।

अवधेश प्रीत की 'मुलुक' श्रमशक्ति के पलायन व निर्वासन के साथ-साथ अपने मुलुक में जारी जातिगत विद्वेष-हिंसा की कथा का एक वितान खड़ा करती है जिसमें पंजाब का आतंकवाद भी है और बिहार-यू.पी. की जातिगत हिंसा भी। पंजाब में मजदूरी कर रहा आदमी जब लौटता है अपने गाँव तो हिंसा की जद में आ जाता है उसकी जीवन। लेकिन पूर्णरूपेण टूट चुकने के बाद भी गाँव-घर को छोड़ना कहाँ सम्भव है!

मनुष्य की अदम्य जिजीविषा, अपनी धरती के साथ दुर्दम्य लगाव की कहानी है हृषिकेश सुलभ की कहानी 'टापूटोल'। बाढ़ की विभीषिका ने टोलों की पहचान मिटा दी है–कुछ प्राकृतिक आपदा, कुछ मानव-निर्मित विपदा ने उजाड़ दिए हैं जीवन के सारे लक्षण मगर जैसे जल-प्रलय के बाद फिर से जमती हैं जीवन में जड़ें, दिखने लगता है फिर से लगाव, फिर से बसेगा टापूटोल भी।

गाँव-घर की कहानियाँ लिखी जा रही हैं, लिखी जाती रहेंगी, उसमें अच्छी कहानियाँ भी होंगी, उनके संचयन भी होंगे। लेकिन समय के इस टुकड़े में जब उच्छृंखल पूँजी के उल्लासमय नृत्य के सम्मोहन में हम बेबस दिखाई दे रहे हैं, आभासी यथार्थ ने आदमी को दूर कर दिया है सचमुच के यथार्थ से और जड़ों से अलगाव का मारा आदमी बिखरा पड़ा है चारों तरफ। उसके चेहरे पर तो आभासी मुस्कान है लेकिन पेट पर रोज पड़ती लात के दर्द को वह दिखा भी नहीं सकता किसी को, जड़ों से लगाव रहा नहीं कि वहाँ कुछ आश्वस्ति पा सके। ऐसे समय में ऐसे संचयन की जरूरत बढ़ जाती है। मगर हर संचयन की अपनी सीमाएँ होती हैं, भूल-चूक होती है, शुद्धिपत्र होता है सिर्फ इतनी आश्वस्ति भर है कि जानबूझकर नजरअन्दाज करने की मंशा से नहीं हुआ है यह चयन। हो भी नहीं सकता क्योंकि हिन्दी कहानी की जड़ें बहुत मजबूती के साथ अपनी धरती में गड़ी हैं और इसके लगाव और सरोकार बहुत गहरे हैं। पूरी हिन्दी कथा बिरादरी के प्रति सम्मान और आभार सहित यह संचयन आपके सुझावों के लिए हमेशा प्रस्तुत।

–पंकज मित्र

अनुक्रम

यह मेरी मातृभूमि है

प्रेमचन्द

1

आज पूरे 60 वर्ष के बाद मुझे मातृभूमि–प्यारी मातृभूमि–के दर्शन प्राप्त हुए हैं। जिस समय मैं अपने प्यारे देश से विदा हुआ था और भाग्य मुझे पश्चिम की ओर ले चला था, उस समय मैं पूर्ण युवा था। मेरी नसों में नवीन रक्त संचारित हो रहा था। हृदय उमंगों और बड़ी-बड़ी आशाओं से भरा हुआ था। मुझे अपने प्यारे भारतवर्ष से किसी अत्याचारी के अत्याचार या न्याय के बलवान हाथों ने नहीं जुदा किया था। अत्याचारी के अत्याचार और कानून की कठोरताएँ मुझसे जो चाहे सो करा सकती हैं, मगर मेरी प्यारी मातृभूमि मुझसे नहीं छुड़ा सकतीं। वे मेरी उच्च अभिलाषाएँ और बड़े-बड़े ऊँचे विचार ही थे, जिन्होंने मुझे देश-निकाला दिया था।

मैंने अमेरिका जाकर वहाँ खूब व्यापार किया और व्यापार से धन भी खूब पैदा किया तथा धन से आनन्द भी खूब मनमाने लूटे। सौभाग्य से पत्नी भी ऐसी मिली, जो सौन्दर्य में अपना सानी आप ही थी। उसकी लावण्यता और सुन्दरता की ख्याति तमाम अमेरिका में फैली। उसके हृदय में ऐसे विचार की गुंजाइश भी न थी, जिसका सम्बन्ध मुझसे न हो, मैं उस पर तन मन से आसक्त था और वह मेरी सर्वस्व थी। मेरे पाँच पुत्र थे जो सुन्दर, हृष्ट-पुष्ट और ईमानदार थे। उन्होंने व्यापार को और भी चमका दिया था। मेरे भोले-भाले नन्हे-नन्हे पौत्र गोद में बैठे हुए थे, जब कि मैंने प्यारी मातृभूमि के अन्तिम दर्शन करने को अपने पैर उठाए। मैंने अनन्त धन, प्रियतमा पत्नी, सपूत बेटे और प्यारे-प्यारे जिगर के टुकड़े नन्हे-नन्हे बच्चे आदि अमूल्य पदार्थ केवल इसीलिए परित्याग कर दिए कि मैं प्यारी

भारत-जननी का अन्तिम दर्शन कर लूँ। मैं बहुत बूढ़ा हो गया हूँ; दस वर्ष के बाद पूरे सौ वर्ष का हो जाऊँगा। अब मेरे हृदय में केवल एक ही अभिलाषा बाकी है कि मैं अपनी मातृभूमि का रजकण बनूँ।

यह अभिलाषा कुछ आज ही मेरे मन में उत्पन्न नहीं हुई, बल्कि उस समय भी थी जब मेरी प्यारी पत्नी अपनी मधुर बातों और कोमल कटाक्षों से मेरे हृदय को प्रफुल्लित किया करती थी। और जब कि मेरे युवा पुत्र प्रातःकाल आकर अपने वृद्ध पिता को सभक्ति प्रणाम करते, उस समय भी मेरे हृदय में एक काँटा-सा खटकता रहता था कि मैं अपनी मातृभूमि से अलग हूँ। यह देश मेरा देश नहीं है और मैं इस देश का नहीं हूँ।

मेरे पास धन था, पत्नी थी, लड़के थे और जायदाद थी, मगर न मालूम क्यों, मुझे रह-रहकर मातृभूमि के टूटे झोंपड़े, चार-छै बीघा मौरूसी जमीन और बालपन के लँगोटिया यारों की याद अकसर सता जाया करती। प्रायः अपार प्रसन्नता और आनन्दोत्सवों के अवसर पर भी यह विचार हृदय में चुटकी लिया करता था कि 'यदि मैं अपने देश में होता तो...!'

2

जिस समय मैं बम्बई में जहाज से उतरा, मैंने पहिले काले कोट-पतलून पहने टूटी-फूटी अंग्रेजी बोलते हुए मल्लाह देखे। फिर अंग्रेजी दुकानें, ट्राम और मोटरगाड़ियाँ दीख पड़ीं। इसके बाद रबर टायरवाली गाड़ियों की ओर मुँह में चुरुट दाबे हुए आदमियों से मुठभेड़ हुई। फिर रेल का विक्टोरिया टर्मिनस स्टेशन देखा। बाद में मैं रेल में सवार होकर हरी-भरी पहाड़ियों के मध्य में स्थित अपने गाँव को चल दिया। उस समय मेरी आँखों में आँसू भर आए और मैं खूब रोया, क्योंकि यह मेरा देश न था। यह वह देश न था, जिसके दर्शनों की इच्छा सदा मेरे हृदय में लहराया करती थी। यह तो कोई और देश था। यह अमेरिका या इंग्लैंड था; मगर प्यारा भारत नहीं था।

रेलगाड़ी जंगलों, पहाड़ों, नदियों और मैदानों को पार करती हुई मेरे प्यारे गाँव के निकट पहुँची, जो किसी समय में फूल, पत्तों और फलों की बहुतायत तथा नदी-नालों की अधिकता से स्वर्ग की होड़ कर रहा था। मैं उस गाड़ी से उतरा, तो मेरा हृदय बाँसों उछल रहा था—अब अपना प्यारा घर देखूँगा—अपने बालपन के प्यारे साथियों से मिलूँगा। मैं इस समय बिलकुल भूल गया था कि मैं 90 वर्ष का बूढ़ा हूँ। ज्यों-ज्यों मैं गाँव के निकट आता था, मेरे पग शीघ्र-शीघ्र उठते थे और हृदय में अकथनीय आनन्द का स्रोत उमड़ रहा था। प्रत्येक वस्तु पर आँखें फाड़-फाड़कर

दृष्टि डालता। अहा! यह वही नाला है, जिसमें हम रोज घोड़े नहलाते थे और स्वयं भी डुबकियाँ लगाते थे, किन्तु अब उसके दोनों ओर काँटेदार तार लगे हुए थे। सामने एक बँगला था, जिसमें दो अंग्रेज बंदूकें लिये इधर-उधर ताक रहे थे। नाले में नहाने की सख्त मनाही थी।

गाँव में गया और निगाहें बालपन के साथियों को खोजने लगीं, किन्तु शोक! वे सब के सब मृत्यु के ग्रास हो चुके थे। मेरा घर—मेरा टूटा-फूटा झोंपड़ा—जिसकी गोद में मैं बरसों खेला था, जहाँ बचपन और बेफिक्री के आनन्द लूटे थे और जिसका चित्र अभी तक मेरी आँखों में फिर रहा था, वही मेरा प्यारा घर अब मिट्टी का ढेर हो गया था।

यह स्थान गैर-आबाद न था। सैकड़ों आदमी चलते-फिरते दृष्टि आते थे, जो अदालत-कचहरी और थाना-पुलिस की बातें कर रहे थे, उनके मुखों से चिन्ता, निर्जीवता और उदासी प्रदर्शित होती थी और वे अब सांसारिक चिन्ताओं से व्यथित मालूम होते थे। मेरे साथियों के समान हृष्ट-पुष्ट, बलवान, लाल चेहरेवाले नवयुवक कहीं न देख पड़ते थे। उस अखाड़े के स्थान पर जिसकी जड़ मेरे हाथों ने डाली थी, अब एक टूटा-फूटा स्कूल था। उसमें दुर्बल तथा कान्तिहीन, रोगियों की-सी सूरतवाले बालक फटे कपड़े पहिने बैठे ऊँघ रहे थे। उनको देखकर सहसा मेरे मुख से निकल पड़ा कि नहीं-नहीं, यह मेरा प्यारा देश नहीं है। यह देश देखने मैं इतनी दूर से नहीं आया हूँ—यह मेरा प्यारा भारतवर्ष नहीं है।

बरगद के पेड़ की ओर मैं दौड़ा, जिसकी सुहावनी छाया में मैंने बचपन के आनन्द उड़ाए थे, जो हमारे छुटपन का क्रीड़ास्थल और युवावस्था का सुखप्रद वासस्थान था। आह! इस प्यारे बरगद को देखते ही हृदय पर एक बड़ा आघात पहुँचा और दिल में महान शोक उत्पन्न हुआ। उसे देखकर ऐसी-ऐसी दुखदायक तथा हृदय-विदारक स्मृतियाँ ताजी हो गईं कि घंटों पृथ्वी पर बैठे-बैठे मैं आँसू बहाता रहा। हाँ! यही बरगद है, जिसकी डालों पर चढ़कर मैं फुनगियों तक पहुँचता था, जिसकी जटाएँ हमारा झूला थीं और जिसके फल हमें सारे संसार की मिठाइयों से अधिक स्वादिष्ट मालूम होते थे। मेरे गले में बाँहें डालकर खेलनेवाले लँगोटिया यार, जो कभी रूठते थे, कभी मनाते थे, कहाँ गए? हाय, बिना घरबार का मुसाफिर अब क्या अकेला ही हूँ? क्या मेरा कोई भी साथी नहीं? इस बरगद के निकट अब थाना था और बरगद के नीचे कोई लाल साफा बाँधे बैठा था। उसके आस-पास दस-बीस लाल पगड़ीवाले करबद्ध खड़े थे! वहाँ फटे-पुराने कपड़े पहने, दुर्भिक्षग्रस्त पुरुष, जिस पर अभी चाबुकों की बौछार हुई थी, पड़ा सिसक रहा था। मुझे ध्यान आया कि यह मेरा प्यारा देश नहीं है, कोई और देश है। यह यूरोप है, अमेरिका है, मगर मेरी प्यारी मातृभूमि नहीं है—कदापि नहीं है।

3

इधर से निराश होकर मैं उस चौपाल की ओर चला, जहाँ शाम के वक्त पिता जी गाँव के अन्य बुजुर्गों के साथ हुक्का पीते और हँसी-कहकहे उड़ाते थे। हम भी उस टाट के बिछौने पर कलाबाजियाँ खाया करते थे। कभी-कभी वहाँ पंचायत भी बैठती थी, जिसके सरपंच सदा पिता जी ही हुआ करते थे। इसी चौपाल के पास एक गोशाला थी, जहाँ गाँव भर की गायें रखी जाती थीं और बछड़ों के साथ हम यहीं किलोलें किया करते थे। शोक! कि अब उस चौपाल का पता तक न था। वहाँ अब गाँवों में टीका लगाने की चौकी और डाकखाना था।

उस समय इसी चौपाल से लगा एक कोल्हवाड़ा था, जहाँ जाड़े के दिनों में ईख पेरी जाती थी और गुड़ की सुगन्ध से मस्तिष्क पूर्ण हो जाता था। हम और हमारे साथी वहाँ गँडरियों के लिए बैठे रहते और गँड़ेरियाँ करनेवाले मजदूरों के हस्तलाघव को देखकर आश्चर्य किया करते थे। वहाँ हजारों बार मैंने कच्चा रस और पक्का दूध मिलाकर पिया था और वहाँ आस-पास के घरों की स्त्रियाँ और बालक अपने-अपने घड़े लेकर आते थे और उनमें रस भरकर ले जाते थे। शोक है कि वे कोल्हू अब तक ज्यों के त्यों खड़े थे, किन्तु कोल्हवाड़े की जगह पर अब एक सन लपेटनेवाली मशीन लगी थी और उसके सामने एक तँबोली और सिगरेट वाले की दुकान थी। इन हृदय-विदारक दृश्यों को देखकर मैंने दुखित हृदय से, एक आदमी से, जो देखने में सभ्य मालूम होता था, पूछा, "महाशय, मैं एक परदेशी यात्री हूँ। रात भर लेट रहने की मुझे आज्ञा दीजिएगा?" इस आदमी ने मुझे सिर से पैर तक गहरी दृष्टि से देखा और कहने लगा, "आगे जाओ, यहाँ जगह नहीं है।" मैं आगे गया और वहाँ से भी यही उत्तर मिला "आगे जाओ।" पाँचवीं बार एक सज्जन से स्थान माँगने पर उन्होंने एक मुट्ठी चने मेरे हाथ पर रख दिए। चने मेरे हाथ से छूट पड़े और नेत्रों से अविरल अश्रु-धारा बहने लगी। मुख से सहसा निकल पड़ा, "हाय! यह मेरा देश नहीं है, यह कोई और देश है। यह हमारा अतिथि-सत्कारी प्यारा भारत नहीं है—कदापि नहीं।"

मैंने सिगरेट की एक डिबिया खरीदी और एक सुनसान जगह पर बैठकर सिगरेट पीते हुए पूर्व समय की याद करने लगा कि अचानक मुझे धर्मशाला का स्मरण हो आया, जो मेरे विदेश जाते समय बन रही थी; मैं उस ओर लपका कि रात किसी प्रकार वहीं काट लूँ, मगर शोक! शोक!! महान् शोक!!! धर्मशाला ज्यों की त्यों खड़ी थी, किन्तु उसमें गरीब यात्रियों के टिकने के लिए स्थान न था। मदिरा, दुराचार और द्यूत ने उसे अपना घर बना रखा था। यह दशा देखकर

विवशतः मेरे हृदय से एक सर्द आह निकल पड़ी और मैं जोर से चिल्ला उठा कि नहीं, नहीं, नहीं और हजार बार नहीं है–यह मेरा प्यारा भारत नहीं है। यह कोई और देश है। यह यूरोप है, अमेरिका है; मगर भारत कदापि नहीं है।

4

अँधेरी रात थी। गीदड़ और कुत्ते अपने-अपने कर्कश स्वर में उच्चारण कर रहे थे। मैं अपना दुखित हृदय लेकर उसी नाले के किनारे जाकर बैठ गया और सोचने लगा–अब क्या करूँ! फिर अपने पुत्रों के पास लौट जाऊँ और अपना यह शरीर अमेरिका की मिट्टी में मिलाऊँ। अब तक मेरी मातृभूमि थी, मैं विदेश में जरूर था किन्तु मुझे अपने प्यारे देश की याद बनी थी, पर अब मैं देश-विहीन हूँ। मेरा कोई देश नहीं है। इसी सोच-विचार में मैं बहुत देर तक घुटनों पर सिर रखे मौन रहा। रात्रि नेत्रों में ही व्यतीत की। घंटेवाले ने तीन बजाए और किसी के गाने का शब्द कानों में आया। हृदय गद्‌गद हो गया कि यह तो देश का ही राग है, यह तो मातृभूमि का ही स्वर है। मैं तुरन्त उठ खड़ा हुआ और क्या देखता हूँ कि 15-20 वृद्धा स्त्रियाँ, सफेद धोतियाँ पहने, हाथों में लोटे लिये स्नान को जा रही हैं और गाती जाती हैं :

''हमारे प्रभु, अवगुन चित न धरो...''

मैं इस गीत को सुनकर तन्मय हो ही रहा था कि इतने में मुझे बहुत से आदमियों की बोलचाल सुन पड़ी। उनमें से कुछ लोग हाथों में पीतल के कमंडलु लिये हुए शिव-शिव, हर-हर, गंगे-गंगे, नारायण-नारायण आदि शब्द बोलते हुए चले जाते थे। आनन्ददायक और प्रभावोत्पादक राग से मेरे हृदय पर जो प्रभाव हुआ, उसका वर्णन करना कठिन है।

मैंने अमेरिका की चंचल से चंचल और प्रसन्न से प्रसन्न चित्तवाली लावण्यवती स्त्रियों का आलाप सुना था, सहस्रों बार उनकी जिह्वा से प्रेम और प्यार के शब्द सुने थे, हृदयाकर्षक वचनों का आनन्द उठाया था, मैंने सुरीले पक्षियों का चहचहाना भी सुना था, किन्तु जो आनन्द, जो मजा और जो सुख मुझे इस राग में आया, वह मुझे जीवन में कभी प्राप्त नहीं हुआ था। मैंने खुद गुनगुनाकर गाया :

''हमारे प्रभु, अवगुन चित न धरो...''

मेरे हृदय में फिर उत्साह आया कि ये तो मेरे प्यारे देश की ही बातें हैं। आनन्दातिरेक से मेरा हृदय आनन्दमय हो गया। मैं भी इन आदमियों के साथ हो लिया और छह मील तक पहाड़ी मार्ग पार करके उसी नदी के किनारे पहुँचा, जिसका नाम पतित-पावनी है, जिसकी लहरों में डुबकी लगाना और जिसकी गोद में मरना प्रत्येक हिन्दू अपना परम सौभाग्य समझता है। पतित-पावनी भागीरथी गंगा

मेरे प्यारे गाँव से छह-सात मील पर बहती थी। किसी समय में घोड़े पर चढ़कर गंगा माता के दर्शनों की लालसा मेरे हृदय में सदा रहती थी। यहाँ मैंने हजारों मनुष्यों को इस ठंडे पानी में डुबकी लगाते हुए देखा। कुछ लोग बालू पर बैठे गायत्री-मंत्र जप रहे थे। कुछ लोग हवन करने में संलग्न थे। कुछ माथे पर तिलक लगा रहे थे और कुछ लोग सस्वर वेदमंत्र पढ़ रहे थे। मेरा हृदय फिर उत्साहित हुआ और मैं जोर से कह उठा, "हाँ-हाँ, यही मेरा प्यारा देश है, यही मेरी पवित्र मातृभूमि है, यही मेरा सर्वश्रेष्ठ भारत है और इसी के दर्शनों की मेरी उत्कट इच्छा थी तथा इसी की पवित्र धूलि के कण बनने की मेरी प्रबल अभिलाषा है।"

5

मैं विशेष आनन्द में मग्न था। मैंने अपना पुराना कोट और पतलून उतारकर फेंक दिया और गंगा माता की गोद में जा गिरा, जैसे कोई भोला-भाला बालक दिन भर निर्दय लोगों के साथ रहने के बाद सन्ध्या को अपनी प्यारी माता की गोद में दौड़कर चला आए और उसकी छाती से चिपट जाए। हाँ, अब मैं अपने देश में हूँ। यह मेरी प्यारी मातृभूमि है। ये लोग मेरे भाई हैं और गंगा मेरी माता है।

मैंने ठीक गंगा के किनारे एक छोटी-सी कुटी बनवा ली है। अब मुझे सिवा राम-नाम जपने के और कोई काम नहीं है। मैं नित्य प्रातः-सायं गंगा-स्नान करता हूँ और मेरी प्रबल इच्छा है कि इसी स्थान पर मेरे प्राण निकलें और मेरी अस्थियाँ गंगा माता की लहरों की भेंट हों।

मेरी स्त्री और मेरे पुत्र बार-बार बुलाते हैं; मगर अब मैं यह गंगा माता का तट और अपना प्यारा देश छोड़कर वहाँ नहीं जा सकता। अपनी मिट्टी गंगा जी को ही सौंपूँगा। अब संसार की कोई आकांक्षा मुझे इस स्थान से नहीं हटा सकती, क्योंकि यह मेरा प्यारा देश और यही प्यारी मातृभूमि है। बस, मेरी उत्कट इच्छा यही है कि मैं अपनी प्यारी मातृभूमि में ही अपने प्राण विसर्जन करूँ।

कानूनी और गैरकानूनी

राधाकृष्ण

1

धीरे-धीरे ऐसा समय आया कि छोटानागपुर के निवासी अपनी धरती से उदासीन रहने लगे। तमाम उराँव, मुंडा, बिरहोर और खड़िया अपने जानवरों की भाँति दुबले और उदास दिखलाई पड़ने लगे। रात-रात भर नवयुवक अपनी प्रणयिनी के साथ नाचते हैं लेकिन उनको आमोद नहीं मिलता। वे बहुत ही अधिक मात्रा में सुरा और हँड़िया पी जाते हैं; लेकिन न नशा सवार होता है और न मस्ती आती है। गाँवों में सूनापन रहता है, गीतों में करुणा छलकती है। शाल के फूल पेड़ों पर खिलते हैं और पेड़ों पर ही मुरझा जाते हैं। तरुणियों की ललचाई आँखें उन पर अब नहीं उठतीं।

मगर सोना पाहन ने अपने गाँव का पहला रूप भी देखा है। उसने नौजवानों की अलमस्ती देखी है और बूढ़ों की बेफिक्री देखी है। वहाँ के हरे-भरे जंगलों में उसने हिरनों का शिकार खेला है, भालू और बनसूअर मारे हैं। सूरज, चाँद, नदी, पहाड़ और झरनों की कल्पना से खेलकर उसने बड़े मीठे गीत बनाए हैं। ऐसा जमाना आया कि लोग अब उसके गीतों को भी भूल गए। अपना जो धन है धरती सो उसकी ओर से भी लोग उदासीन रहते हैं। जैसा-तैसा खाते हैं, जैसा-तैसा गाते-नाचते हैं और पूरा परिश्रम कभी नहीं करते। जो सोना पाहन जैसे छोटानागपुर का प्रेतलोक दीखता है उसे ऐसा पसन्द नहीं आता।

आजकल के लोग अब ऐसे क्यों हो गए? वे परिश्रम से भागते, फिरते हैं जिम्मेदारियाँ उन्हें भली नहीं लगतीं। वे विक्षिप्त की भाँति प्रसन्न और अप्रसन्न होते हैं।

सोना पाहन गुस्से में आता है तो उसकी

झुर्रियाँ काँपने लगती हैं। वह कहता है–ये सब जाहिल हैं; इन्हें किसान नहीं कहना चाहिए। किसान नहीं ही कहना चाहिए!

सोना कहता है–ये काम से जी चुराते हैं और कहते हैं, धरती बाँझ हो रही है। अरे पूरा परिश्रम करो और पूरी फसल काटो। धरती बाँझ नहीं, तुम निकम्मे होते जाते हो। खेत की मिट्टी के साथ-साथ अपना तन भी कोड़ो। वहाँ की धरती में झर-झर तुम्हारा पसीना झर जाए, जैसे राजा इन्दर के बालक कातिक के महीने में ओस गिराते हैं। पसीने को पसीना की तरह बहाओ और अपनी फसल को देखो। जैसे कोइल नदी में बाढ़ आती है वैसे ही हमारे खेत और खलिहानों में अन्न-धन, सुख-समृद्धि की बाढ़ आएगी।...

और, यह कहने की आवश्यकता नहीं कि सोना पाहन के खेतों में सबसे ज्यादा हरियाली रहती है। वह हनकर कुदाल चलाता है और अपने बैलों से भी ज्यादा परिश्रम करता है। उसकी धरती की मिट्टी बड़ी कोमल हो गई है और उसका झुर्रियोंवाला शरीर सख्त हो गया है। पचास साल का सोना पाहन पैंतीस-सैंतीस का तरुण मालूम पड़ता है। परिवार में जिस प्रकार प्राणी बढ़े हुए हैं उसी प्रकार उसके खेतों की उपज बढ़ी हुई है। वह बच्चों की भाँति खुशहाल रहता है और केवल आलसी और पस्तहिम्मत लोगों को देखकर ही कुढ़ता है।

सोना पाहन अच्छा आदमी है। धरती उसे अपनी मालूम होती है। अपनी धरती उसे प्राणों से प्यारी है।

जिन जंगलों में जाकर वह लकड़ी काटता था वहाँ अब लकड़ी काटने की किसी को इजाजत नहीं। वहाँ बहुत से मजदूर आए हुए हैं और दनादन बाँस, बल्ले और वृक्षों का सफाया कर रहे हैं। कोट-पतलून पहने हुए लोग आँखों पर चश्मा चढ़ाकर इस काम का मुआइना करते हैं। जंगल कटवाते और समझते हैं कि बहुत बड़ा काम कर रहे हैं। लकड़ियाँ, बल्ले और बाँस मोटरों पर लद-लदकर जाने कहाँ कितनी दूर निकल जाते हैं!

और, गाँववालों को जलावन की लकड़ी भी नहीं मिलती। अब गाँव की स्त्रियाँ उपले से भोजन बनाती हैं। पहले गोबर की खाद बनती थी। अब तमाम गोबर ईंधन बनकर जल जाते हैं। और धरती हरी-भरी सरसब्ज नहीं हो पाती। सात रुपए बोरा रासायनिक खाद बिकती है। लोग इसे विलायती खाद कहते हैं। गाँववाले इसे खरीद नहीं पाते। उनके पास इतने पैसे नहीं। सोना पाहन के पास पैसे हैं। वह विलायती खाद खरीदता है, गाय और सूअर पालता है और अपनी खेती को बढ़ाता ही जाता है।

जिन खेतों में पहले गोंड़ा धान लगता था, उन खेतों को सोना पाहन ने फुलवारी में बदल दिया। अब उसमें सब्जी लगेगी। सेम, बोदी, बैंगन, आलू...वह परिश्रम

करेगा और तमाम चीजों को उत्पन्न करेगा। तो इस फुलवारी में एक कुआँ चाहिए। और, कुआँ वह अकेले अपने परिवार की मदद से नहीं खोद सकता। इसके लिए मजदूर चाहिए। बड़ी फुलवारी है, कुआँ भी बड़ा होगा। सात पुरसा गहरा और खूब चौड़ा, जैसे खाई। तब तो फुलवारी जेठ-बैसाख की दोपहर में भी भीगी रहेगी।

शाम को सोना पाहन कदम के पेड़ के नीचे खड़ा था। पेड़ के ऊपर मैना और भृंगराज पक्षी बोल रहे थे। सोना चिन्तित दिखलाई देता था। उसे मजदूर चाहिए। निकम्मे लोगों के गाँव में काम करनेवाला आदमी! बड़ी मुश्किल है।

जीतू जाता हुआ दिखलाई पड़ा। गरीब किसान। दार्शनिक की भाँति चल रहा था। सोना ने उसे रोका। पूछा, "जीतू, काम करोगे?" जीतू रुक गया। एक बार सोना की ओर तेज आँखों से देखा, फिर उसकी आँखें अनायास झुक गईं। जैसे किसी काम के प्रति उसका कोई विश्वास नहीं हो, जैसे वह दुनिया में किसी काम के लायक नहीं हो उसी भाँति पूछा, "क्या काम?"

सोना पाहन जीतू के रूप में अपनी गरज को देख रहा था। उसे जीतू के चेहरे के चढ़ाव-उतराव का कोई पता नहीं मिला। यदि उसकी कल्पना परम प्रबल होती तो कदाचित् वह जीतू के रूप में किसी कुएँ को ही देखता। बोला, "भाई, एक फुलवारी बना रहा हूँ; सब्जी लगाऊँगा। शहरवाले अब ज्यादा सब्जी खाने लगे हैं, सो बिक्री होगी। तो एक कुआँ बड़ा जरूरी है।"

"हाँ, यह तो बड़ी अच्छी बात है।" जीतू ने निर्लिप्त-निर्विकार भाव से कहा, "सोमा, जीतन, बिरसा से कहो। वे काम करेंगे।"

"और तुम?" सोना पाहन इस सवाल को पूछने से पहले ही समझ गया कि यह कमबख्त भाड़ झोंकेगा; काम नहीं करेगा। काम ही किया करे तो यह हालत क्यों होती? अब सोमा से कहूँगा, बिरसा से कहना होगा। वे काम के आदमी हैं। काम को समझते हैं।

और, जीतू के जाते ही बिरसा आ पहुँचा। सोना उसे रोकना चाहता था; लेकिन खुद बिरसा ने सोना को टोका। उसके चेहरे पर जिज्ञासा की छाप थी। आँखों में कुछ एक नई बात सी चमकती थी। पूछा, "तुमने जीतू को देखा?"

"हाँ, देखा तो; अभी-अभी जा रहा है, क्यों?" सोना ने सवाल किया।

"उसने तुमसे कुछ कहा नहीं?" बिरसा की जिज्ञासा में विस्मय की बिजली कौंध रही थी।

"नहीं तो; कोई नई बात है क्या?" सोना ने पूछा।

"हाँ, नई बात है।" बिरसा ने कहा, "वही, वैसे ही नई बात है जो रोज पुरानी से नई होती है। किसान कहता है जरा जीने दो; और जमींदार कहता है हम आखिरी

बूँद तक तुम्हारा खून पीना न छोड़ेंगे। जाने कब से बिरसा की जमीन में महुआ का पेड़ चला आता है। सो बिचारा जलावन की कमी से उस पेड़ को काट रहा था कि जमींदार के आदमी आ पहुँचे। कहने लगे, ''महुआ जमींदार का है, तुम्हें काटने का कोई हक नहीं।''

सोना पाहन ने कहा, ''लेकिन जमीन जो उसकी है। जमींदार हर साल उस जमीन का लगान लेता है, फिर भी आँखों को सुझाई नहीं देता?''

''सब सुझाई देता है सोना काका।'' बिरसा ने कहा, ''इसी से तो ऐसा अन्धेर है। सब जानते हैं कि किसान गरीब है, क्या करेगा? तमाम कानून तो उनके हाथ हैं।''

सोना ने इस बात का प्रतिवाद किया, ''कानून किसी के हाथ नहीं। अगर पैसों की कमी से हम जी खोलकर लड़ नहीं पाते तो इसमें कानून का कोई कसूर नहीं।''

बिरसा ने उपहास के भाव से कहा, ''यह सब जी बहलाने का बहाना है। जहाँ किसान आसानी से दबाए जा सकते हैं वहाँ कानून की जरूरत नहीं और जहाँ पर किसान आगे बढ़कर कुछ कह सकता है वहीं पर कानून की दीवार खड़ी करके रास्ता रोक दिया गया है।''

सोना इस विषय में कुछ कहना नहीं चाहता था। देह मरोड़कर उसने अँगड़ाई ली। तब उसके सामने एक रहस्य खुलता हुआ-सा मालूम हुआ। कल्पना में उसने जीतू का मुँह उदास देखा। कारण झलक गया। सो इसीलिए जीतू उदास था, इसीलिए काम के प्रति उसका कोई लोभ नहीं दिखलाई दिया, इसीलिए वह जल्दी-जल्दी चला गया। बेचारा जीतू!...अगर वह जी खोलकर लड़ जाए, तो...? मगर लड़ने के लिए पैसे चाहिए। पैसे के लिए उसे...अपनी बारी याद आई, कुआँ याद आया। सोना पाहन ने बिरसा की ओर देखकर पूछा, ''काम करोगे, बिरसा?''

2

कुआँ खोदने में काम लग गया है। बड़ी तेजी से खुदाई हो रही है। लोग चूहों की भाँति तीव्रता से काम कर रहे हैं। गड्ढा जल्दी-जल्दी गहरा होता जाता है, ऊपर मिट्ठी के ढेर लगते जाते हैं। बिरसा और बुधुआ वगैरह सात आदमी उसमें काम करते हैं। आठवाँ सोना पाहन खुद है। वह बड़ी तेजी से फावड़ा चलाता है और जरा भी विश्राम नहीं करता। फरहाद का किस्सा मशहूर है। वह फरहाद भी सोना पाहन की भाँति फावड़ा नहीं चलाता होगा। सोना सबसे ज्यादा काम कर डालता है, इसलिए लोग उसके सामने उससे कम काम करते शरमाते हैं। अब अधिक दिन नहीं। पन्द्रह दिन से अधिक नहीं लगेंगे। धरती के गर्भ से पानी छलक आएगा, सोता फूट चलेगा, बारी हरी-भरी सरसब्ज हो जाएगी। परियों की साड़ी की भाँति बूट्टेदार

हरियाली सोना की बारी में कैसी लगेगी?...भई, काम करो; हाथ रुके नहीं। सोना कहता जाता है और काम करता जाता है।

कि लो, फावड़े की गति रुक गई। यह क्या है? यहाँ तो पत्थर है। अब कैसे होगा? पत्थर को तोड़ना तो सरल नहीं। अब तो महीनों-बरसों बीत जाएँगे। तब भी पानी का पता नहीं मिलेगा। आदमी मिट्टी से लड़ सकता है, फावड़ा लेकर पत्थर से भिड़ना आसान नहीं है।

"उँह, कुछ नहीं; चलाओ फावड़ा, काटो पत्थर को।" सोना पाहन ने पुकारकर कहा, और हनकर फावड़ा चलाया। पत्थर पर चोट पड़ी। कुछ चूरे उड़े और बिखर गए।

लोगों ने बारी-बारी से उसे हथेली पर लिया, बारी-बारी से परखा और पूरी तरह परख लेने के बाद कहा, "कोयला है, पत्थर कोयला। यहाँ कोयले की खान निकल आई।"

तब मजदूरों के अन्दर बड़ी भारी समस्या उत्पन्न हो गई। सबके चेहरे गम्भीर हो गए। काम छोड़कर सभी बैठे और सलाह करने लगे। परामर्श कर लेने के बाद बिरसा ने सोना पाहन को समझाया, "अब इस खान को ढाँप दें। कहीं दूसरी जगह कोई दूसरा कुआँ कोड़ा जाएगा।"

सोना पाहन अपनी अप्रत्याशित सम्पत्ति सहन नहीं कर सकता था। वह थरथरा रहा था, काँप रहा था। उसके मुँह से बोली भी नहीं निकलती थी। मगर जब उसने अपने साथियों को गम्भीर देखा तो घबरा गया। जब उससे खान का मुँह बन्द करने को कहा गया तो चिल्ला उठा, "ऐसा क्यों? ऐसा क्यों होगा? अब हम कुआँ नहीं कोड़ेंगे, अब हम खान खोदेंगे। यह लाखों की सम्पत्ति है, यह कोयले की खान है, सुनते हो?...तुम्हारे मुँह पर ताले क्यों पड़ गए? मैं इस खान का मालिक हूँ!"

मगर मजदूरों में वैसी प्रसन्नता नहीं थी। उनके चेहरे गम्भीर थे और चेहरों पर आतंक का भाव था। आँख के सामने जो कोयले की खान निकल गई है, उसे वे भ्रम और भूल समझना चाहते थे। उन्होंने सोना पाहन को समझाया, "सोना पाहन, यह खुशी का समय नहीं। असल बात है कि अभी तुम बड़ी विपत्ति में हो। खान की बात न कोई जानने पावे और न सुनने पावे। इस बात को छिपा दो और कुएँ को पाट डालो। किसी दूसरी जमीन में बारी बनाओ। वहीं कुआँ खोदो।"

"क्यों? ऐसा क्यों?" सोना चिल्लाया। वह उनकी बात पर विश्वास नहीं करना चाहता था। बोला, "तुम लोग ऐसा क्यों कहते हो?"

"क्योंकि लोग ऐसा ही करते हैं।" बुधुआ बोला, "जिस किसान की जमीन में खान निकलती है वे सभी ऐसा करते हैं। किसी को भी खबर नहीं देते कि उसकी जमीन में कभी कोई खान दिखलाई पड़ी थी।"

सोना ने कहा, "लोग ऐसा क्यों करते हैं?"

''ऐसा न करें तो क्या करें?'' एतवा ने कहा, ''खान निकलते ही जमीन किसानों के हाथ से निकल जाती है।''

''वाह, ऐसा क्यों होगा?'' सोना ने इसका प्रतिवाद किया, ''सैकड़ों पुश्तों से हमारी जमीन, हमारे कब्जे में है। बराबर हम इसकी मालगुजारी देते हैं। पुश्त-दर-पुश्त से इस जमीन की मिट्टी पर अपनी काया लड़ाते हैं, जांगर चलाते हैं। जमीन हमारी है। फिर इस जमीन में जब कोयला निकल आया तो वह दूसरे किसी की क्यों हो जाएगी?''

''क्योंकि कानून ऐसा ही है।''

''ऐसा भी भला कानून होता है! ऐसा कानून नहीं होता।'' सोना पाहन ने कहा, ''अगर जमींदार अपने दामाद को अपनी लड़की देता है तो इसलिए नहीं कि उस लड़की से कोई अच्छा लड़का उत्पन्न हो गया तो वह छीन-छानकर लड़की को अपनी बना ले।''

''मगर कानून तो इसी तरह का है। और सो भी खान जमींदार के हाथ नहीं लगती, वह सीधे महाराजा के पास पहुँच जाती है।'' एतवा ने कहा, और कहा, ''खान का मुँह बन्द ही कर देना ठीक होगा।''

सोना पाहन का चेहरा घृणा से छोटा हो गया। बोला, ''लानत है ऐसे कानून पर!''

मगर फिर भी उसे विश्वास नहीं होता था। भला हक मारने का भी कानून होता है? भला अमीरी से रोककर गरीबी के गढ़े में ढकेलने का भी कानून होता है? क्या कानून बनानेवाले अन्धे हैं? नहीं, नहीं। उसका जी कहता था—ऐसा कानून कभी नहीं होगा, कहीं नहीं होगा। जमीन हमारी है, खान हमारी है। वे अपरम्पार कोयले जो मैं बिलकुल नहीं देख सकता हूँ, सब हमारे हैं। हमारे सिवा वह किसी का नहीं होगा। जिसे जी हो, आवे और दाम देकर हमारे कोयले को खरीदे। कल तक मैं मामूली किसान था, अब मैं खान का मालिक हूँ। इतना अमीर हूँ जिस अमीरी का लोग सपना देखते हैं।

कुएँ का मुँह बन्द कर दिया गया। इसमें लोगों ने सोना पाहन के साथ जबर्दस्ती की। मगर सोना पाहन का मुँह कोई भी बन्द नहीं कर सका।

3

सोना पाहन शहर में था। ऊँची-ऊँची अट्टालिकाएँ। काली कोलतारवाली सड़कें, मोटरगाड़ियाँ जैसे उन पर फिसली पड़ती थीं। बाजार सजे थे, दुकानें वेश्या की भाँति शृंगार करके आकर्षक मालूम होती थीं, लोभ जागता था। फेरीवाले चिल्लाते थे और अपनी चीजों के प्रति सुषुप्त लालसा को भड़काते थे। यहाँ न खेत हैं, न हरियाली

है और न खुली हवा है। यहाँ लोग रहते कैसे हैं? दुकानदार अपनी दुकानों पर बैठे हैं, वकील कचहरी में और मास्टर स्कूलों में बैठे हैं। ये परिश्रम तो जरा भी नहीं करते। फिर इनका भोजन कैसे पचता है, शैतान इनकी सहायता करता है। जब वह खान बेचकर अमीर होगा तब वह भी एक ऐसा ही मकान अपने गाँव में बनवाएगा। लोग देखेंगे और अचम्भा करेंगे। अरे, सोना पाहन ने ऐसा मकान उठाया। ऐसा तो जमींदार का मकान भी नहीं है।

इसी प्रकार रंगीन कल्पनाओं के साथ बच्चों की भाँति खेलता और मोटर तथा रिक्शा गाड़ियों से अपने को किसी तरह बचाता हुआ वह एक वकील के मकान में घुसा। उस वकील को सोना पाहन अपना खानदानी वकील मानता था। उस वकील का बाप भी वकील था और किसान सोना पाहन का बाप भी किसान था। एक बार सोना पाहन का बाप उस वकील के बाप के पास गया था। इसीलिए उसके लड़के को भी यह अपना वकील मानता था। वकील को अपना पूरा परिचय देने के बाद उसने बतलाया, ''अब मैं पूछता हूँ कि मैं क्या करूँ? मेरी जमीन में एक कोयले की खान निकल आई है।''

सोना को आशा थी कि वकील साहब सुनते ही प्रसन्न हो जाएँगे। मगर प्रसन्नता से अवाक् होने की जगह उन्होंने निराशापूर्वक सिर हिलाया। बोले, ''यह तो तुम्हारे लिए बड़ी खराब बात है। ज़मीन तुम्हारे हाथ से गई।''

''कैसे? मेरी जमीन कैसे चली गई?'' सोना पाहन के होश उड़ गए। वह घबरा गया। थरथराने लगा।

''क्योंकि खान महाराजा की होगी।''

''महाराजा की क्यों होगी? जमीन हमारी है। पचासों पुश्त से हम उस पर खेती करते हैं।''

वकील ने कहा, ''जमीन तुम्हारी हो सकती है; लेकिन उस जमीन की खान तुम्हारी नहीं हो सकती।''

''क्यों?''

वकील ने कहा, ''इस क्यों का कोई जवाब नहीं। कानून ही ऐसा है। तुम उस जमीन में खेती कर सकते हो, उसमें उपजाकर अन्न खा सकते हो; लेकिन उसे खोदकर उसकी खान नहीं निकाल सकते।''

''बड़ी अजीब बात है।'' सोना की समझ में किसी-की बात आती ही नहीं थी; बोला, ''उस जमीन को खोदकर हम ओल और घुइयाँ निकाल सकते हैं; मगर ओल या घुइयाँ की जगह अगर उसमें कोयला या ताँबा निकल आवे, तो हम उसे क्यों नहीं ले सकते?''

''इसलिए नहीं ले सकते कि कानून तुम्हें लेने नहीं देगा।'' वकील साहब ने कहा।

"और, कानून इस खान को सीधे छोटानागपुर के राजा-महाराजा के हाथ में सौंप देगा?" सोना पाहन का अचम्भा कम नहीं होता था।

"बेशक!"

"तो कोई उपाय नहीं है"

वकील साहब ने कहा, "उस खान को छिपा दो, उस पर मिट्टी डाल दो और खेती किया करो। बस, यही उपाय है।"

"मगर यह तो कोई उपाय ही नहीं है।" सोना पाहन ने कहा, "खान धरती की किस्मत है और धरती ही किसान की किस्मत है। उस किस्मत पर मैं मिट्टी नहीं डालना चाहता।"

वकील साहब उसकी अक्लमन्दी की बात सुनकर ऊब उठे। झल्लाकर बोले, "यह तुम्हारी मर्जी है।"

"हाँ, यह हमारी मर्जी है!" सोना पाहन ने कहा, "अगर कानून हम गरीब किसानों पर ऐसा अन्याय करता है तो डाइन लोग उस कानून को आप क्यों नहीं देतीं? राजा इन्दर उस पर दधीचि वाला वज्र क्यों नहीं गिराते?"

सोना पाहन की अन्तर्रात्मा व्याकुल हो उठी थी। वह कोई ऐसा शब्द कह देना चाहता था जिसकी ज्वाला में वह कानून क्षणमात्र में भस्म हो जाए। अभी वह क्रोध के मारे काँप रहा था। वह उठ गया और वहाँ से जाने की तैयारी करने लगा। उसके हृदय से एक मर्मभेदी दीर्घ निःश्वास निकला।

वकील साहब ने कहा, "मेरी फीस?"

सोना पाहन चौंक उठा, "फीस!"

"चार रुपए!"

सोना पाहन ने अंटी से चार रुपए निकाले और काँपते हुए हाथों से उन्हें चार बार गिना, फिर टेबल पर रुपए रखकर वहाँ से बाहर निकल आया।

अब कानून के बदले वह वकील को ही शाप देना चाहता था। अजीब किस्म से इनकी कमाई होती है। उन्होंने कहा कि जमीन तुम्हारे हाथ से निकल गई और फिर कभी तुम्हारी नहीं होगी। इसी बात को बताने के लिए चार रुपए की फीस! धन्य है फीस...न पसीना गिराया, न जरा हाँफा ही, बतला दिया कि खान तो क्या, उस खान के चलते तुम्हारी जमीन भी चली जाएगी। बस, इसी बात की फीस चार रुपए।...या परमात्मा, कोई मुझे भी इसी तरह पैसा पैदा करने की बुद्धि बतलाता। यहाँ तो हालत यह है कि अपनी जमीन में खान है और न खान ही हमारी हो सकती है, न उस धरती को ही हम भोग सकते हैं।...

सुवर्णरेखा के छिछले पानी में स्नान करके, महँगी और शहर के खर्चीलेपन को हजार बार कोसकर वह फिर गाँव में वापस चला गया। वहाँ उसे नई बात सुनाई

पड़ी। लोगों ने कहा–सब लोग कहते हैं कि तुम अपनी खान के बारे में शहर में महाराजी कचहरी में गए थे। वहाँ तुमने पेशकार से खान की बातचीत की थी। अरे, इन वकीलों और अमलों के फेर में न पड़ो।...

मगर इस बात की कोई बुनियाद भी नहीं थी। वह सुनकर अचम्भा करता था। इस बात के प्रतिवाद में वह बहुत कुछ कहा करता था, जिस पर किसी को भी विश्वास नहीं था।

और इस तरह उसकी खान के बारे में लोगों को सच्ची बात मालूम होती गई और आषाढ़ के मेघ की भाँति चारों ओर फैलती चली गई।

अन्त में एक दिन गाँव के किनारे छोटा-सा तम्बू पड़ा दिखलाई दिया। तम्बू की बगल में काले रंग की एक मोटर खड़ी थी। दिन के दस बजे उस तम्बू से दो आदमी निकले, वे कोट और पतलून पहने हुए थे। उनके पास भाँति-भाँति के यंत्र थे। वे सोना पाहन की बारी में घुस गए और अपने यंत्रों से उस जमीन की परीक्षा करने लगे। माप-जोख होने लगी। सारे गाँव ने समझ लिया कि जिस जमीन में या जिस काम में ये कोट-पतलूनवाले पड़ते हैं वहाँ फटे वस्त्र के किसानों की कोई पूछ नहीं होती। कोट-पतलूनवालों से अपकार के सिवा उपकार की कभी कोई आशा ही नहीं की गई है। गाँवों में इसीलिए कोट-पतलून महान है, इसीलिए सभी कोट-पतलून से भय खाते हैं।

तीसरे दिन शाम को गाँव के किनारे का वह छोटा-सा तम्बू उखड़ गया। कोट-पतलूनवाले वहाँ से चले गए।

सोना पाहन की जान में जान आई। शायद उन्हें खान का कोई पता नहीं मिला, शायद वहाँ कोयला कम होगा, शायद उन्होंने दया की और किसान की जमीन छोड़ दी। सोना पाहन को इस बात से आश्वस्ति-सी मालूम हुई। उसके हृदय का बोझ हट-सा गया था। उसने सरना के भूत देवता को एक पाठा देने का संकल्प किया और अपने देवता की प्रार्थना करने लगा–'हे भगवान! तू बड़ा महान है। तेरी कृपा से ही पानी बरसता है और तेरे क्रोध से ही बिरगोड़ा नदी में बाढ़ आती है। मुझ पर तू कृपा रखना, मेरी जमीन को बचाना।...'

और उसे विश्वास होता था कि परमात्मा उसकी प्रार्थना सुन रहे हैं।

4

मगर एक दिन जमींदार के यहाँ से उसकी बुलाहट आ ही गई। लोगों ने कहा–बस, अब और खैर नहीं। जमींदार साहब ने प्रेम से किसको बुलाया है और बुलाकर भलाई की ही? जमींदार, पुलिसवाले और कोट-पतलून वाले जब किसी किसान को

बुलावें और उससे बातचीत करें, तो उसी समय उसको सोच लेना चाहिए कि उसे ढकेलने के लिए किसी खाई का प्रबन्ध हो चुका है।

गाँव की औरत बिफनी ने कहा, ''कल रात को मैंने सपना देखा था कि आसमान में बहुत से तारे खिले हुए हैं।''

लोगों ने इस सपने का मनमाना अर्थ लगाया। उसका यह सपना बड़ा मनहूस सपना समझा गया। इस सपने का खुलासा अर्थ यह माना गया कि गाँव में कोई भयंकर विपत्ति आनेवाली है। मगर इसमें भी कोई सन्देह नहीं कि अगर दिन अच्छे होते तो वही सपना शुभ और आशाप्रद समझा जाता। असल बात थी कि सपने का बहाना लेकर लोग अपने मन की गाँठ खोलते थे।

और उसी प्रकार आशंका के मारे सोना का जी बैठा जाता था। सारी रात उसे नींद नहीं आई। सारी रात वह ऐसा ही सपना देखता रहा जिसका अर्थ अशुभ छोड़ कभी आशाप्रद नहीं समझा जा सकता। सबेरे उठने पर वह ऐसा मालूम होता था जैसे हफ्ते भर की बीमारी भुगतकर उठा हो।

सबेरे उठकर उसने सच्चे दिल से भगवान के दरबार में फरियाद की। अपनी जमीन को बचाने के लिए उसने परमात्मा से बारम्बार अनुरोध किया। वह प्रार्थना करता गया और उसकी आँखों से आँसू के बूँद ढुलकते गए!

फिर वह उठ खड़ा हुआ और लाठी लेकर जमींदार के गाँव की ओर चल पड़ा। सात कोस चलकर, तीन नदियों को पार करके, वह जमींदार के यहाँ पहुँचा और दो दिन तक गाँव में वापस नहीं लौटा।

तीसरे दिन सबेरे वह गाँव में वापस लौटा, उदास, भग्न और निराश। उसे जमीन छोड़ देने का हुक्म मिल गया था।

''और, उस जमीन का कुछ तावान भी मिलेगा या नहीं?'' एक स्त्री ने पूछा। उसे आशा थी तावान मिला होगा। और वह रकम भी कुछ कम नहीं होगी।

सोना ने निराशा से सिर हिलाया। बोला, ''किसी जमाने में यह जमीन हमारे खानदानवालों को मुफ्त मिली थी, इसलिए मुझे किसी तरह की कोई रकम नहीं मिल सकती।''

मगर फिर भी उस औरत की आशा के तार नहीं टूटे थे। बोली, ''शायद कोई जमीन मिली होगी।''

''गाँव में अब जमीन ही कहाँ है? जो है सो अब बड़े ऊँचे दामों में बिकती है।'' सोना पाहन ने कहा, ''जमींदार ने कहा है कुछ दिन सब्र करो; कुछ दिन बाद वहीं थोड़ी जमीन का बन्दोबस्त कर देंगे।''

बिरसा ने तिनककर कहा, ''थोड़े दिनों तक सब्र करने का मतलब है जिन्दगी भर सब्र करना। सलामी के रुपए दाखिल करो, तो अभी चाहे जितनी लिखवा लो।

साफ मतलब है कि नहीं देंगे। मुफ्त में जमीन लूट लेंगे, खान से कोयले निकाल लेंगे और तुम्हें एक छदाम भी नहीं देंगे।''

असल बात भी यही थी। सभी इस असल बात को समझते थे। सोना पाहन भी बिरसा के भाष्य की अपेक्षा इस बात को कहीं स्पष्ट समझ रहा था। सभी गाँववाले इस घटना से दुखी थे। यह भी स्पष्ट है कि अगर सोना पाहन अभी हजार या पाँच सौ रुपए भी लेकर लौटा होता तब भी गाँववाले इसी बीत से दुखी होते। गाँवों में दुखी रहने का, एक-दूसरे से जलने-कुढ़ने का प्रचलन हो गया है। मगर अभी सभी का हृदय सोना पाहन के प्रति संवेदना से भीगा हुआ था।

सूरज क्रमशः ऊपर उठता था। हवा धीरे-धीरे गरम हो रही थी। एक बहुत बड़े करंज के पेड़ की छाया में ये सभी गाँववाले बैठे हुए थे। उनमें सभी उम्र के स्त्री और पुरुष थे। बच्चों को इस गम्भीर मामले से कोई दिलचस्पी नहीं थी। वे बाँस की लाठी का घोड़ा बनाकर उस पर सवारी करते हुए इधर से उधर कुदक्के लगा रहे थे। किसी लड़की ने तीन-चार छोटी उम्र के बच्चों को बटोरकर गाय घोषित कर दिया था और छड़ी लेकर उनकी रखवाली कर रही थी। वे गायें कभी चरने की नकल करतीं, कभी थककर पागुर करतीं और फिर आराम करके आपस में सींग लड़ाने का तमाशा करतीं। जो लड़के लाठी के घोड़े पर सवार थे वे कह रहे थे कि सात समुन्दर टापू पार किसी राजकुमारी के गाँव में जा रहे हैं; लेकिन वस्तुतः वे आधी फर्लांग से अधिक नहीं जा पाते थे। इससे ज्यादा बढ़ने में उन्हें एक अज्ञात भय मालूम होता था।

इधर बिरसा ने सोना से पूछा, ''तब? तब, अब क्या करोगे?''

सोना ने कहा, ''क्या करूँगा अब? मुँह पर मिट्टी थोपकर तो रहा नहीं जाएगा। कुछ न कुछ करना ही पड़ेगा। मगर अब सवाल है कि करें तो क्या? पास में इतना पैसा नहीं कि नई जमीन खरीदें और नए सिरे से नई खेती-बारी शुरू करें। जमींदार ने जो जमीन देने को कहा है सो उसके लिए साल-छह महीने सब्र करना पड़ेगा। तब तक गाय-बैल बिक जाएँगे। और सब्र करने के बाद भी जमीन मिलेगी या नहीं, सो भी मालूम नहीं।''

उसने एक लम्बी साँस ली और चुप हो गया। वह रो नहीं रहा था, तथापि उसकी मुखाकृति ऐसी करुण हो गई थी कि गाँव की कुछ स्त्रियाँ अपने आँसू रोक नहीं सकती थीं। उनके गालों पर आँसुओं की धार फिसल रही थी।

एतवा ने कहा, ''बहुत से आदमी आसाम और भूटान जाते हैं और वहाँ से अच्छा कमाकर लौटते हैं।''

सोना पाहन ने सहसा सिर उठाकर अपनी पुरानी जोशीली आवाज में पूछा, ''आसाम और भूटान?...''

और, उसके चेहरे पर एक हँसी की रेखा बनते-बनते बिगड़ गई। उसने कहा, "मुझे तो बस इसी छोटानागपुर में रहना है। आसाम-भूटान जाने की मैं जरूरत नहीं समझता, जा भी नहीं सकता। जो लोग वहाँ मजदूर बनकर जाते हैं वे जवान होते हैं। उनमें कुछ कर सकने की शक्ति होती है। और मेरा चेहरा देख लो! मैं बूढ़ों में भी बूढ़ा हूँ–मैं क्या कर सकूँगा?"

5

जो कुछ भी सोना पाहन को तय करना था उसने शीघ्रतापूर्वक तय किया। स्त्रियों और बच्चों को अपनी बहन के यहाँ भेज दिया। उसके दो लड़के अपनी ससुराल में चले गए। उनके लिए वहाँ उम्मीद थी। तीसरा जो छोटा लड़का था, विधुर था। उसकी उम्र पच्चीस साल की होगी। वह सोना के साथ लगा। गाय-बैल और भैंसों को बेचने पर 500 रुपए मिले। इतना ही रुपया उनके पास था। वे सोचते थे दुनिया बहुत बड़ी है। कहीं न कहीं गुंजाइश हो जाएगी। फिर धरती होगी, फिर गाय और बैल आएँगे, फिर सबकुछ हो जाएगा। कहीं न कहीं तो दया, धर्म, सहानुभूति अवश्य होगी।

मगर उन्होंने तमाम घूमकर देखा, सब जगह एक ही कानून था, एक ही प्रकार की नीति और नियम थे। तमाम तरह के जमींदार एक ही प्रकार के मालूम हुए। कभी भी उसे ऐसा नहीं मालूम हुआ कि कम दाम देकर अधिक जमीन मिल सकेगी। उन दोनों ने तमाम छोटानागपुर का भ्रमण किया। टाटानगर के विशाल कारखाने की ओर उँगली उठाकर सोना पाहन ने कहा था, "यह भी किसी किसान की सम्पत्ति पर ही खड़ा है!"

झरिया और धनबाद में पहुँचकर उन लोगों ने कोयले की अपरम्पार राशि देखी। उसकी आँखों में आँसू आ गए। रोते-रोते उसने कहा, "यह भी किसी किसान की सम्पत्ति होगी! मेरी तरह वह भी दुनिया में मारा-मारा फिरता होगा अथवा भूख-प्यास के मारे उसके वंशवाले मिट गए होंगे!"

सहसा उसे खयाल आया कि उसकी जमीन में उसे भी तो कोई पहचान नहीं सकेगा। उसे रुलाई आ गई। वह अपनी जमीन का एक-एक ढेला पहचान सकता था। उस जमीन से उसे मुहब्बत थी। अब वह कब तक इस तरह मारा-मारा फिरेगा? कहाँ जाएगा? क्या करेगा? वह तो मरते मर जाएगा, लेकिन न अपनी भूमि से भेंट होगी और न वह अपने गाँव की मिट्टी में अपनी मिट्टी मिला सकेगा। सोना पाहन का हृदय कातर होने लगा। उसे ऐसा मालूम हुआ मानो उसका गाँव, उसकी धरती, उसके गाँववाले सभी उसे पुकार रहे हैं। सोना पाहन ने कल्पना की। वे पुकार रहे

थे–आओ सोना पाहन, तुम कहाँ भटक रहे हो? आओ, इस गाँव में आओ, इस धरती के साथ खेलो...और वह कल्पना की आँखों से अपना गाँव देखने लगा। नदी-नाले और घाटियाँ उसकी आँखों के आगे उतर आईं। हरे-भरे खेत दिखलाई दिए जिनके किनारे-किनारे गायें चर रही थीं। उसने अपने अड़ोस-पड़ोस के लोगों को व्यस्त देखा। वे कह रहे थे–आ गए सोना पाहन, अच्छा किया, आओ, यह गाँव तुम्हारा है, यह धरती तुम्हारी थी!...

और, सोना पाहन के मन में यह सब एक ईश्वरीय संकेत के समान प्रतीत हुआ। आधी रात हो गई थी। उसने अपने लड़के को जगाया और कहा, "कल सबेरे हम लोग अपने गाँव में चलेंगे।"

"गाँव में जाकर क्या होगा?" उसके लड़के ने कहा, "वहाँ तो अब अपना कुछ भी नहीं है।"

"मगर फिर भी अपना गाँव है, अपनी बस्ती है!" सोना ने सोच में डूबकर कहा।

और, दूसरे दिन सबेरे उठकर वे लोग सचमुच अपने गाँव की ओर लौट गए। अब उनके मन में कोई भी आशा बाकी नहीं बची थी। बाहर की दुनिया भी उन लोगों ने देख ली थी। सारी दुनिया में एक ही सिलसिला चलता था। कहीं भी गरीबों के प्रति सहानुभूति नहीं थी, कोई भी किसानों का तरफदार नहीं था। अब वे लोग एकमात्र इसी आशा में चल रहे थे कि किसी प्रकार अपने गाँव में पहुँच जाएँ और स्वर्ग की शान्ति पा लें। जमीन गई तो गई, मजदूरी तो कर सकेंगे। रहेंगे तो अपने ही गाँव में।

6

नदी के इसी पार से सोना का मन बैठ गया। सामने उसका गाँव, वही अपना गाँव था, जहाँ उसका जन्म हुआ था। वहाँ की मिट्टी और धूल उसके शरीर में रम चुकी थी। जहाँ का वह अपना था और जहाँ के सब कुछ को वह अपना समझने का अधिकार समझता था। मगर उसे सब कुछ अजीब किस्म का मालूम हुआ। तमाम जंगल कटे हुए थे। वहाँ खेत तैयार हो गए थे। उनमें हल चलते हुए दिखलाई पड़े। एक असम्भव बात की भाँति वहाँ अनेक विलायती टाइप के बँगले बने हुए नजर आए। जहाँ लोगों के घर थे वहाँ अब फुटबॉल खेलने का मैदान तैयार हो गया था। सारी बस्ती खिसककर दूर चली गई थी और दिखलाई नहीं पड़ती थी।

नदी के ऊपर भी पुल बँधा हुआ था। उसके सामने कोयले से लदे हुए ट्रक गुज़र रहे थे और वह सोच रहा था कि ये कोयले उसी के होने चाहिए थे।

आखिर हिम्मत करके वहाँ गाँव में घुसा। गाँव के नवयुवक उसे भूल चुके थे। पहचान ही नहीं सके। बड़े-बूढ़ों ने पहचाना। बड़े प्रसन्न हुए। बोले, "अच्छा हुआ, सोना पाहन, तुम आ गए। अब यहीं रहो। यहाँ काम बहुत है। मजदूरी भी अच्छी मिलती है। जो खान में काम करते हैं उनके लिए सवा-डेढ़ रोजाना कमाना अदनी बात है। क्या करोगे; यही कर लो।"

सोना पाहन हिचकिचाया।

उसकी हिचकिचाहट को समझते हुए बिरसा ने कहा, "यहाँ तो बड़ी दूर-दूर से लोग मजदूरी की टोह लगाते हुए आते हैं और काम पकड़ लेते हैं। जीते के बेटे ने सिर्फ छह महीने तक की मजदूरी में एक साइकिल खरीद ली!"

सोना पाहन का मन डोल गया।

दूसरे दिन वह मेट के सामने खड़ा था। सामने कोयलों की ढेरी लगी हुई थी। समझ में आता ही नहीं था कि कितना कोयला होगा। यह सब उसकी धरती ने दिया है, यह सब कुछ उसका होना चाहिए था; मगर इसके विपरीत वह उसी जमीन से अलग कर दिया गया, और अब लाचार होकर वहीं मजदूरी के लिए आया हुआ था। मेट ने पूछा, "काम कर सकोगे?"

सोना पाहन ने कहा, "इसी के लिए तो आया हूँ!"

"मगर तुमसे कितना काम होगा!" मेट ने विरक्ति से कहा, "तुम बूढ़े दिखलाई देते हो। यहाँ के काम का कायदा कड़ा है। तुम्हें मालूम है न?"

सोना पाहन ने स्वीकार किया।

उसके बाद उसका नाम, बाप का नाम, जाति और उम्र सब लिखा गया। सोना पाहन काम पर बहाल हो गया।

अब वह मजदूर था। अब उसका फावड़ा उतनी तेजी से नहीं चल पाता था। काम करते-करते वह रुक जाता था और अपने साथी मजदूरों से कहता था, "किसी दिन यह खान हमारी थी!"

लोग उसकी बात सुनते थे और हँस देते थे। लोगों ने समझ लिया था कि यह पागल आदमी है। इसके दिमाग में विकार उत्पन्न हो गया है। भला ऐसे आदमी भी कहीं खान के मालिक होते हैं, या हो सकते हैं!

आखिर लोग उसे सुना-सुनाकर उस पर बुरी तरह हँसने लगे। सोना पाहन के दिल पर उस हँसी की चोट पत्थरों की तरह पड़ती थी, उसके हाथ से फावड़ा छूट जाता था। वह रोता-रोता कहता था, "अगर किसान लोग अपनी जमीन का कानून बना पाते, तब तुम्हें सच्चाई-झुठाई मालूम हो जाती। अभी तुम हम पर हँसते हो, तो हँसो...जी खोलकर हँसो..."

और वह उन हँसनेवालों पर रोने लगता था।

मगर व्यंग्य और कटूक्तियों को सहने की भी एक सीमा होती है। आखिर एक दिन सोना पाहन से बर्दाश्त नहीं हुआ और उसने मजदूरों के सरदार के पास फरियाद की, ''मुझे किसी ऐसी जगह पर काम मिलना चाहिए जहाँ मैं अकेला काम कर सकूँ।''

सरदार उसकी बात सुनकर चौंक उठा। उस समय वह इसी असमंजस में पड़ा हुआ था। बात थी कि खान के अन्दर कोयला खोदते-खोदते एक ऐसी शाखा फूट गई थी जहाँ पर ऊपर से मिट्टी गिर पड़ने का भय था। वहाँ काम करने के लिए कोई मजदूर तैयार ही नहीं होता था। सोना पाहन का प्रस्ताव सुनकर सरदार प्रसन्न हो गया। उसके जिम्मे वहीं का काम सिपुर्द किया गया।

अब वह जमीन के अन्दर सैकड़ों फीट नीचे पहुँचकर काम करता था। अब बातचीत करने के लिए आदमी नहीं थे। अकेले में उससे अच्छा काम होता था। जब शाम को खान के अन्दर से निकलता था तो उसके मन में एक सन्तोष का भाव रहता था। रात को भी वह किसी से बोलता नहीं था। अधिक काम करने के कारण उसे जल्दी नींद आ जाती थी।

हफ्ते बीत गए महीना आ लगा। सरदार रोज सोचता था कि खान के इस हिस्से की पीली मिट्टी भरभरा जाएगी और इस बूढ़े मजदूर का पता नहीं लगेगा। लेकिन हाजिरी के समय सोना पाहन बराबर खड़ा पाया जाता था।

एक दिन उसका फावड़ा जहाँ पड़ा वहाँ उसे एक चमक-सी मालूम हुई। सोना घबरा गया। शायद कोई भूत की करामात तो नहीं है। फिर खयाल आया, भ्रम है। मगर जैसे-जैसे वह खोदता जाता था वैसे-वैसे उसके सम्मुख वह चमक स्पष्ट होती जाती थी। एकाएक उसने खयाल किया कि कोई हीरा तो नहीं है। इस विचार से ही उसके शरीर में दूनी ताकत पैदा हो गई। वह तेजी से फावड़ा चलाने लगा। उसे दिक्कत महसूस हुई। वह हाँफने लगा। उसका शरीर पसीने से तर हो गया। फिर एक पत्थर का स्वच्छ-सा टुकड़ा उसके पैरों के पास लुढ़क आया।

क्या वह हीरा था।

कलकत्ते के उस जौहरी ने उसकी जाँच करके कहा, ''यह हीरा है!''

सोना पाहन का सर्वांग थरथरा उठा। बोला, ''हीरा!''

जौहरी ने हथेली पर उसके वजन का अन्दाज लेते हुए कहा, ''यह चालीस करेट से कम वजन का नहीं निकलेगा। अन्दाज है, इसका दाम पाँच लाख तक मिल जाएगा।''

"पाँच लाख!" सोना पाहन की कँपकँपी बढ़ गई। उसके सामने विशाल अट्टालिकाओं के चित्र नाचने लगे।

लेकिन वह हीरा चोरी का माल था। उसे सोना पाहन ने गैरकानूनी ढंग से प्राप्त किया था।

विघटन के क्षण

फणीश्वरनाथ रेणु

रानीडिह की ऊँची जमीन पर—लाल माटीवाले खेत में—अक्षत-सिन्दूर बिखरे हुए हैं—हजारों गौरैया-मैना सूरज की पहली किरण फूटने के पहले ही खेत के बीच में 'कचर-पचर' कर रही हैं। बीती हुई रात के तीसरे पहर तक, जहाँ सारे रानीडिह गाँव की कुमारी-कन्याएँ कचर-पचर नृत्य-गीत-अभिनय कर चुकी हैं।

रात में शामा-चकेवा 'भँसाया' गया है... प्रतिमा-विसर्जन!

श्यामा, चकवा, खंजन, बटेर, चाहा, पनकौआ, हाँस, बनहाँस, अदँगा, लालसर, पनकौड़ी, जल-परेवा से लेकर कीट-पतंगों में भुनगा, भेम्हा, अँखफोड़वा, गन्धी, गोबरैला तक की मिट्टी की छोटी-छोटी नन्ही-नन्ही मूर्तियाँ गढ़ी गई थीं, रँगी गई थीं। दो रात तक उन्हें ढेलेवाले खेतों में चराया गया अर्थात् उनकी पूजा की गई। रात को विसर्जन!

बिरनाबन (वृन्दावन?) जले हैं—सैकड़ों। हजारों चुगलों के पुतले! पुतलों की शिखाएँ जली हैं--घर-घर में तू झगड़ा लगावे, बाप-बेटा से रगड़ा करावे; सब दिन पानी में आगि लगावे, बिनु कारन सब दिन छुछुवावे—तोर 'टिकी' में आगि लगायब रे चुगला... छुछुन्दरमुँहे... मुँहझौंसे... चुगले... हाहाहाहा!

सैकड़ों लड़कियों की खिलखिलाहट! तालियाँ!

तारे झरे, पायल झनके। हुस्नहिना के गुच्छों ने लम्बी साँस ली। रात भीग गई...।

धरती पर बिखरे अक्षत-सिन्दूर। दूबों पर बिखरे मोती के दाने।...छोटे-छोटे इन्द्रधनुषों के टुकड़े!

...अचानक, एक चील ने डैना फड़फड़ाया। सभी चिरैयाँ एक साथ भड़ककर उड़ीं। गौरैयों की विशाल टोली सरसों के खेत में जा बैठी।

बहुत दिनों के बाद–कोई पाँच बरस के बाद–धूमधाम से 'शामा-चकेवा' पर्व मनाया है रानीडिह की कुमारियों ने।

एक चदरी-भर सर्दी पड़ गई। अगहनी धान के खेतों में अब हलकी लाली दौड़ गई है अर्थात् अब दानों में दूध सूख रहा है। आलू के पौधों में पत्तियाँ लग गई हैं। सुबह-सुबह गोभी की सिंचाई कर रहे हैं सभी।

''बिजैयादि! तू इतना सबेरे 'कोबी' जो पटाती हो, सो बेकार ही ना? तू तो अब पटना में रहेगी...।''

''चुप हरजाई!'' गंगापुरवाली दादी ने चिढ़कर चुरमुनियाँ को झिड़की दी, ''दिन-भर बेबात की बात बकबक करती रहती है यह रत्ती-भर की छौंड़ी।''

चुरमुनियाँ, रत्ती-भर की छोकरी चुप नहीं रही। आँखें नचाकर, होंठों को बिदकाकर बोली, ''हुँह! तोरे तो मजा है। कोबी रोपकर पटा रही है बिजैयादि और टोकरी भर-भरके फूल बेचेगी तू। और जब हिसाब पूछेगी पटना से आकर मलकिन-काकी तो...तो...ई ऊँगली तोड़ना, ऊ उँगली मोड़ना मगर भूलल हिसाब कभी न जोड़ना...हिहिहिहि...!''

दादी ने इस बार एक गन्दी गाली दी। गाली सुनकर चुरमुनियाँ ने विजया की ओर देखा। विजया शुरू से ही मुस्कुरा रही थी। इस काली-कलूटी लड़की की मीठी शैतानी को वह खूब समझती है। जहर है यह छोकरी! लछमन की पोती!

गंगापुरवाली दादी को चुरमुनियाँ की बात लगी नहीं, किन्तु वह नकियाकर कुछ बोली। चुरमुनियाँ ने समझ लिया। बोली, ''क्यों दादी, मैं झूठ कहती हूँ? बेचारी गंगापुरवाली दादी, जो गंडा से आगे गिनती न जाने, उससे मलकिन काकी पूछेगी, 'पाँच टके सैकड़ा के दर से डेड़ सौ बीजू आम का दाम?' हे-हे-ए–हा-हा-हा बस; दादी को तो 'आकाशी' लग गई–ही-ही-ही-ही!''

विजया बोली, ''जल्दी-जल्दी हौज भर दे।''

आठ-नौ साल की इस लड़की से पार पाना खेल नहीं। विजया को छोड़कर उससे और कोई काम नहीं ले सकता, उसकी माँ भी नहीं। बाप को तो वह बोलने ही नहीं देती कुछ।

जब से विजया रानीडिह आई है, चुरमुनियाँ दिन-रात 'बड़घरिया' हवेली में ही रहती है।

कल चुरमुनियाँ कह रही थी, ''बिजैयादि, तू आई है तो लगता है रानीडिह गाँव में कोई 'परब-त्योहार'...माने...ठीक देवी-दुर्गा के मेला के समय जैसा लगता है वैसा ही लगता है। अब तो तुम भी ठीक 'खरगेंट' (खंजन) चिरैया की तरह साल में एक बार आओगी, जैसे मलकिन-काकी आती है।...अब तुम भी शहर में जाकर 'चोंचवाली अँगिया' पहनोगी।''

''लात खाएगी अब तू।'' दादी ने साग खोंटते चेतावनी दी, ''है तनिक भी बड़े-छोटे का लिहाज इस छिनाल को?''

दादी बीच-बीच में बाल पकड़कर घसीटती-पीटती भी है, और उस दिन सारे गाँव में कुहराम मच जाता है; चुरमुनियाँ किसी राख के घूरे में लोट-लोटकर एकदम 'भूतनी' हो जाती है और उसके मुँह से छन्दबद्ध पंक्तियाँ–'रुदनगीत' की–अनायास ही निकलती रहती हैं, ''री-ई-ई बुढ़िया गंगपरनी, बड़घरिया की घरनी, हमरो सौतिनी-ई-ई बिना रे करनवा हमरा मारलि गे-ए-बुढ़िया गंगपरनी-ई-ई...।'' लड़की तो नहीं, एक 'अवतार' है, समझो।

गंगापारवाली दादी की मुस्कुराहट पोपले मुँह पर देखने योग्य होती है। हँसती हुई कहती है, ''जानती है बिजै, भागलपुरवाली को इस निगोड़ी ने कैसा 'बेपानी' किया था?''

गंगापुरवाली दादी ने मद्धिम आवाज में कहा, ''भागलपुरवाली उस बार आई भादों में। एक दिन 'बक्कस' से कपड़ा निकालकर धूप में सुखाने को दिया। कपड़ों को पसारते समय यह 'लौंगी-मिर्च-छौंड़ी' अचानक चिल्लाने लगी–ले ले लाला...जर्मनवाला...रबड़वाला...गेंदवाला...चोंचवाला...। मैंने झाँककर देखा, बाँस की एक कमानी में भागलपुरवाली की 'अँगिया' लटकाए चुरमुनियाँ नचा-नचाकर चिल्ला रही है। उधर, दरवाजे पर दरवाजा-भर पंचायत के लोग।...भागलपुरवाली जलती 'उकाठी' लेकर दौड़ी थी।''

गंगापुरवाली दादी के साथ विजया भी हँसते-हँसते लोट-पोट हो गई।

आठ बजेवाली गाड़ी आने से पहले ही गोभी की सिंचाई हो गई। बाल्टी-लोटा-डोरी लेकर चुरमुनियाँ के साथ विजया भाजी की बगिया से बाहर आई। इस बार चुरमुनियाँ अपने झबरे बालों में उँगली चलाते हुए बोली, ''बिजैयादि, सचमुच कल ही चली जाओगी? धेत्त...मत जाओ बिजैयादि!''

इस बार विजया ने एक लम्बी साँस ली।

'बड़घरिया हवेली'। पहले यही अकेली हवेली थी।

पहले सिर्फ 'बड़घरिया' कहने से ही लोग समझ लेते थे–रानीडिह का चौधरी-परिवार। अब 'हवेली' जोड़ना पड़ता है, क्योंकि रानीडिह में अब एक नहीं, कई 'बड़घरिया' हैं।

बड़घरिया हवेली के एकमात्र वंशधर श्री रामेश्वर चौधरी एम.एल.ए. पिछले कई वर्ष से पटना में ही रहते हैं, सपरिवार। दूर रिश्ते की एक मौसी यानी गंगापारवाली दादी बड़घरिया हवेली का पहरा करती है। हलवाहा सीप्रसाद खेती-बारी देखता है।

लोग उसे 'मनीजर' कहते हैं। मखौल में रखा हुआ नाम ही अब 'चालू' हो गया है, सीप्रसाद का–'मनीजर'।

'छिटपुट जमीन' यानी आधीदारी पर लगी हुई जमीनों की हर साल बिक्री करके रामेश्वर बाबू अब 'निझंझट' हो गए हैं; खुदकाश्त में थोड़ी-सी जमीन है, पोखर और बाग-बगीचे हैं। जिस दिन कोई बड़ा गाहक लग जाए, बेचकर छुट्टी। छुट्टी माने, इस रानीडिह गाँव से, अपनी 'जन्मभूमि' से कोई लगाव–किसी तरह का सम्बन्ध नहीं रखना चाहते रामेश्वर बाबू।...मजबूरी है!

पिछले पन्द्रह साल से रामेश्वर बाबू पटना में रहते हैं–पटना के एम. एल. ए. क्वार्टर में। अब राजेन्द्रनगर में घर बनवा रहे हैं। इस बार सम्भव है, 'पार्टी-टिकट' नहीं मिले। किन्तु, अब गाँव रानीडिह लौटकर नहीं आ सकते। किसी गाँव में अब नहीं रह सकते...!

स्वर्गीय बड़े भाई सिद्धेश्वर चौधरी की विधवा की हाल ही में मृत्यु हो गई। बड़े भाई की एकमात्र सन्तान विजया, जो अपनी माँ के साथ पिछले सात-आठ साल से मामा के घर थी, सोलहवाँ साल पार कर रही है। विजया के बड़े मामा ने कड़ी चिट्ठी लिखी विजया के काका को इस बार–'जिनके त्याग और बलिदान का मीठा फल आप खा रहे हैं उनकी स्त्री को तो झाड़ू मारकर ऐसा निकाला कि...। खैर, वह मरी और दुख से उबरी। लेकिन, आपका 'सिरदर्द' दूर नहीं हुआ है। अभी आपको थोड़ा और कष्ट भोगना बाकी है। विजया अब ब्याहने के योग्य हो गई।...यदि आप मेरे इस पत्र पर ध्यान नहीं देंगे तो मुझे मजबूर होकर आपकी पार्टी के प्रधान को लिखना पड़ेगा!'

इस बार दुर्गापूजा की छुट्टी में रामेश्वर बाबू अपनी स्त्री (भागलपुरवाली) के साथ रानीडिह आए। नारायणगंज आदमी भेजकर विजया को बुलवा लिया। काली-पूजा के बाद जब पटना वापस आने लगे तो गंगापुरवाली ने कहा, "बिजै यहाँ दस दिन और रहकर 'साग-भाजी' लगा जाती। फिर भागलपुरवाली बहू तो धान कटाने के लिए एक महीना के बाद आवेगी ही। उसी के साथ जाएगी!"

रामेश्वर बाबू को बात पसन्द आई। कहा, "ठीक है। 'नवान्न' के बाद ही विजया जाएगी पटना।"

लेकिन परसों चिट्ठी आई है–धान कटाने के लिए इस बार नहीं आ सकती। मकान बन रहा है। दिन-रात मजदूरों के सिर पर सवार रहना पड़ता है। अगले सप्ताह 'ढलैया' शुरू होगी। इसलिए 'शामा-चकेवा' के बाद विजया अपने छोटे मामा के साथ चली आवे पटना...जरूर-से-जरूर...।

आज शाम तक विजया के छोटे मामा नारायणगंज से आ जाएँगे। कल गाड़ी से विजया पटना चली जाएगी।

चुरमुनियाँ अपने घर का बस एक काम करती है। साँझ को पूरब-टोले के साहू की दुकान से सौदा ला देती है—मकई, चना, नून, तेल, बीड़ी। हिसाब जोड़ने में कभी एक पाई भी गलती नहीं करती। अपने दादा-दादी से ज्यादा हिसाब जानती है वह। साहू की दुकान पर होनेवाली 'गप' में चुरमुनियाँ 'रस' डाल देती है, "अब बिजैयादि भी चली जाएगी। कल ही जाएगी।"

"और गंगापुरवाली?"

"ऊ चली जाएगी तो यहाँ कलमी आम का 'बगान' कौन 'जोगेगी' रात-भर जगकर?"

चुरमुनियाँ की बात सुनकर सभी हँसे। रामफल की घरवाली ने पूछा, "और तुझे नहीं ले जा रही बिजैया?"

"धेत्त! मैं क्यों जाऊँ?"

सच्चिदा पाँच पैसे का कपूर लेने आया था। विजया के कल ही जाने की खबर सुनकर स्तब्ध रह गया।

उजड़े हुए हिंगना-मठ पर खँजड़ी बजाकर सतगुरु का नाम लेनेवाला एकमात्र बाबाजी सूरतदास बैरागी कहता है, "सभी जाएँगे। एक-एक कर सभी जाएँगे...।"

गाँव की मशहूर झगड़ालू औरत बंठा की माँ बोली, "ई बाबाजी के मुँह में 'कुलच्छन' छोड़कर और कोई बानी नहीं। जब सुनो तब—सभी जाएँगे! जब से यह बानी बोलने लगा है बूढ़ा बाबाजी, गाँव के 'जवान-जहान' लड़के गाँव छोड़कर भाग रहे हैं। पता नहीं, शहर के पानी में क्या है जो एक बार एक घूँट भी पी लेता है फिर गाँव का पानी हजम नहीं होता। गोबिन गया, अपने साथ पंचकौड़िया और सुगवा को लेकर। उसके बाद, बाभन-टोले के दो बूढ़े अरजुन मिसर और गेंदा झा...।"

रामफल की बीवी ने बीच में ही बंठा की माँ को काट दिया, "अरजुन मिसर और गेंदा झा की बात कहती हो, मौसी? तो पूछती हूँ कि गाँव में वे दोनों करते ही क्या थे? 'बिलल्ला' होकर इसके दरवाजे से उसके दरवाजे पर खैनी 'चुनियाते' और दाँत निपोड़कर भीख माँगते दिन काटते थे। अब शहर में जाकर 'होटिल' में भात राँधते हैं दोनों। पिछले महीने अरजुन मिसर आया था। अब बटुआ में पनडब्बा और सुर्ती रखता है। तोंद निकल गया है।"

"तो तू भी रामफल को क्यों नहीं भेज देती? तोंद निकल जाएगा।"

किसी ने कहा, "एह! सभी जाकर शहर में 'रिश्कागाड़ी' खींचते हैं। हे भगवान! अन्धेर है।"

जवाब मिला, "क्यों? रिक्शा खींचना बहुत बुरा काम है क्या? पाँच रुपए रोज की कमाई यहाँ किस काम में होगी, भला?"

सभी ने देखा, कैवर्तटोली का सच्चिदा, जो पाँच पैसे का कपूर लेने आया था, पूछ रहा है, "बताइए?"

किसी ने कोई जवाब नहीं दिया।

सच्चिदा चला गया तो चुरमुनियाँ ने होंठ बिदकाकर कहा, ''इसके भी पंख फड़फड़ा रहे हैं।...ई भी किसी दिन उड़ेगा। फुर्र-र!''

हँ-हँ-हँ-हँ! बहुत देर से रुकी हँसी छलक पड़ी। लोग बहुत देर तक उसकी बात पर हँसते रहे। चुरमुनियाँ की दादी पुकारने लगी, ''अरी ओ चुरमुनियाँ!''

रात में चुरमुनियाँ बड़घरिया-हवेली में ही सोती है गंगापुरवाली दादी के साथ। दादी सुबह-शाम चाय पीती है और चुरमुनियाँ को चाय की आदत पड़ गई है। आज रविवार है। आज रात में दो बार चाय पिएगी गंगापुरवाली दादी।

लेकिन आज चाय पीने का जी नहीं होता। चुरमुनियाँ चुपचाप अपनी कथरी में सिमट-सिकुड़कर अँगीठी पर चढ़ी केतली में पानी की 'गनगनाहट' सुन रही है। दादी ने दिल्लगी के सुर में पूछा, ''आज तुमको किसका 'बिरह-बिजोग' सता रहा है जो इस तरह...?''

चुरमुनियाँ चिढ़ गई, ''मुझे अच्छी नहीं लगती तुम्हारी यह बानी।''

''ऐ-हे! अच्छी बानी की नानी रे। आखिर तुमको हुआ क्या है?''

क्या जवाब दे चुरमुनियाँ!

सभी, एक-एक कर गाँव छोड़कर जा रहे हैं। सच्चिदा भी चला जाएगा तो गाँव की 'कबड्डी' में अकेले पाँच जन को मारकर दाँव अब कौन जीतेगा? आकाश छूनेवाले भुतहा जामुन के पेड़ पर चढ़कर शहद का 'छत्ता' अब कौन काट सकेगा? होली में जोगीड़ा और भड़ौआ गानेवाला—अखाड़े में ताल ठोकनेवाला... सच्चिदा भैया!

...पिछले साल से होली का रंग फीका पड़ रहा है। आठ-नौ साल की चुरमुनियाँ की नन्ही-सी जान, न जाने किस संकट की छाया देखकर डर गई है।—क्या रह जाएगा?

चुरमुनियाँ गा-गाकर रोना चाहती है करुण सुर में—एक-एक पंक्ति को जोड़कर गाकर रोना जानती है, वह। धीमे सुर में उसने शुरू किया—'आ गे मइयो-यो-यो...'

गंगापुरवाली दादी ने झिड़की दी, ''ऐ-हे। ढंग देखो इस रत्ती-भर छिनाल का। नाक से रोने बैठी है भरी साँझ की बेला में। उठ, जाके देख बिजै काहे पुकार रही है।''

''गोलपारक क्या, भैया?''

गाँव के नौजवानों के तन-मन में 'फुरहरी' लग रही है, फुलकन की शहरी-गप सुनकर। मजेदार गप! इस गप में एक खास किस्म की गन्ध है—फुलकनी के 'बाबड़ी-केश' से जैसी गन्ध आती है, ठीक वैसी ही।

फुलकन फुलझड़ी उड़ा रहा है, ''रजिन्नरनगर? अब उसके बारे में कुछ मत पूछो, भैयो! साला, ऐसा सहर कि लगता है कि धरती फोड़कर 'गोबर छत्ते' की तरह रोज मकान उगते जा रहे हैं। होगा नहीं भला? वहाँ कोई भी काम हाथ से थोड़ो होता है? सुर्खी कुटाई से लेकर सिमटी-सटाई और चुना-पुताई–सब कुछ 'मिशिन' से। बाल कटाने जाओ तो नाई एक ऐसा 'मिशिन' लगा देगा कि चटपट हजामत खत्म।...दस कदम पर एक-एक गोलपारक...।''

''गोलपारक क्या, भैया?''

''अब क्या बतावें कि गोलपारक क्या है और कैसा होता है? वह देखने पर ही समझोगे। मुँह की बोली में उतने किस्म का रंग कहाँ से लावेंगे? समझो कि 'सीकी' की एक बहुत बड़ी सतरंगी 'डलिया' धरती पर रखी हुई है।...जब साँझ को लम्बे-लम्बे 'मरकली' के डंडे छटाक-छटाक कर जल उठते हैं और साँझ के झुटपुटे में ठंडी-ठंडी हवा खाती हुई अधनंगी लड़कियाँ...लड़की तो नहीं, समझो कि 'फिलिंइस्टार'...।''

''फिलिं...क्या...?''

''धेत्तेरे की! फिलिंइस्टार भी नहीं समझते? अरे, पिक्चर की लड़की रे, पिक्चर की!''

''पिक्चर...?''

''अब तुम लोगों को क्या समझावें!...माने, सिनेमा की छापी की लड़की समझे?''

'' ...पिक्चर की लड़की, छापी की लड़की?'' क्या-क्या बोलता है, फुलकन? क्या था और क्या से क्या होकर लौटा है! गाँव के नौजवानों की देह कसमसाने लगती है। फुलकन पटना में, 'रिश्कागाड़ी' खींचता है।...खींचता नहीं है, 'डलेवरी' करता है। फुलकन रिश्का-डलेवर है।

''अच्छा! रिश्का-डलेवरी कितने दिनों में सीखा जा सकता है?''

''सिखानेवाला उस्ताद हो और सीखनेवाला 'जेहन' का तेज हो तो तीन ही दिन में 'हैंडिल' थिर हो जा सकता है।...असल 'चीजवा' है 'हैंडिल'!''

...गाँव के लड़कों ने लक्ष्य किया, फुलकन खास-खास बात में 'वा' लगाकर बोलता है–टिकटिवा, कगजवा, बतवा, चीजवा।

फुलकन ने अब पॉकेट से 'छापियों' का लिफाफा निकाला, ''और देखो देखनवालो...''

''ऐ-हे! बाप...!!''

''फिलिं की छापी की तसवीर की लड़की?''

''अँय! राह-घाट में इसी तरह 'कच्छा-लँगोटा' पहनकर चलती है? कोई कुछ कहता नहीं?''

सभी 'लहेंगड़े-लौंडों' के सिर पर छापियाँ नाचने लगीं। नाचती रहीं।...रात में, सपने में भी छापी की लड़कियाँ नाचती रहीं और एकाध को 'भरमा' भी गईं।

विजया को अचरज होता है! गाँव खाली होने का, गाँव टूटने का जितना दुख-दर्द इस छोटी-सी चुरमुनियाँ को है, उतना और किसी को नहीं। विजया इस गाँव में सात-आठ साल के बाद आई है तो क्या? है तो इस गाँव की बेटी।

जब से पटना जाने की बात तय हुई है, अन्दर-ही-अन्दर वह फूट रही है...रजनीगन्धा के डंठलों की तरह। वह पटना नहीं जाना चाहती। वह इसी गाँव में रहना चाहती है।...बाबूजी की याद आती है, माँ की याद आती है। मिल-जुलकर आती है। कलेजा टूक-टूक होने लगता है तो इमली का बूढ़ा पेड़, बाग-बगीचे, पशु-पंछी सभी उसे ढाढ़स बँधाते हैं। एक अदृश्य आँचल सिर पर हमेशा छाया रहता है। यहाँ आते ही लगता है, बाबूजी बाग में बैठे हैं, माँ रसोई-घर में भोजन बना रही है। इसीलिए, मामा का गाँव-घर कभी नहीं भाया उसे। अपने बाप के 'डिह' पर वह टूटी मड़ैया में भी सुख से रहेगी। लेकिन...।

''बिजैयादि!''

...चुरमुनियाँ ने आज चोरी पकड़ ली, शायद! विजया जब से आई है, रोज रात में चुपचाप रोती है। रोज सुबह उठकर तकिए का गिलाफ बदल देती है।

''बिजैयादि?'' चुरमुनियाँ अब उठकर बैठ गई।

गंगापुरवाली दादी करवट लेती हुई बड़बड़ाई, ''क्यों गुल मचाकर जगा रही है, नाहक?''

विजया ने कनखी-नजर से देखा, चुरमुनियाँ सोई हुई गंगापुरवाली दादी को मुँह चिढ़ाती है, होंठों को बिदकाकर। इसका अर्थ होता है, 'तुमको क्या? दो बार 'चाह' पी चुकी हो। यहाँ बिजैयादि कल से ही अन्न-पानी छोड़कर पड़ी हुई है।'

विजया ने देखा, चुरमुनियाँ उठकर बाहर गई। आकाश के तारों को देखा। फिर बड़बड़ाती अन्दर आई, ''इह, अभी बहुत रात बाकी है।''

चुरमुनियाँ आकर विजया के पैताने में बैठ गई और धीरे-धीरे उसके पैरों को सहलाने लगी।

...इस लड़की ने तो और भी जकड़ लिया है, माया की डोर से। उसने पैर समेटकर कहा, ''यह क्या कर रही है?''

चुरमुनियाँ हँसी, ''थीं तो जगी हुई ही। फिर जवाब क्यों नहीं दिया?''

''तुझे नींद नहीं आती?''

चुरमुनियाँ ने गंगापुरवाली दादी की ओर दिखलाकर इशारे से कहा, ''दादी की नाक इस तरह बोलती है मानो 'अरकसिया' आरा चला रहा हो!''

विजया को हँसी आई। उसने डाँट बताई, ''क्यों झूठ बोलती है? दादी की नाक आज एक बार भी नहीं बोली है।''

''तुम जगी नहीं थीं तो तुमने जाना कैसे?'' चुरमुनियाँ जीत गई। ''जानती है बिजैयादि? लगता है, सच्चिदा भी अब सहर का रास्ता पकड़ेगा।...जाओ भाई, सभी जाओ। यहाँ गाँव में क्या है? सहर में बायस्कोप है, सरकस है, सलीमा है...।''

''सोने भी देगी?'' विजया का जी हलका हुआ थोड़ा।

''नहीं।''

''क्यों?''

''कल रात से तो और तुमको नहीं पाऊँगी। आज रात-भर सताऊँगी।''

कुछ देर तक चुप्पी छायी रही। दोनों ने लम्बी साँस ली।

''बिजैयादि?'' चुरमुनियाँ सटकर सो गई।

''क्या है रे?''

''सहर के दुलहे से सादी मत करना।''

विजया ठठाकर हँसना चाहती थी। उसने बहुत मुश्किल से अपनी हँसी को जब्त करके पूछा, ''सो क्यों? शहर के लोगों ने तेरा क्या बिगाड़ा है?''

''मेरा क्या बिगाड़ेगा कोई!''

''तो, किसका बिगाड़ेगा?''

''तुम्हारा...बिजैयादि? तू सादी ही मत करना। वे लोग तुमको कभी फिर इस गाँव में नहीं आने देंगे।''

''क्यों?''

''जब गाँव का आदमी ही गाँव छोड़कर सहर भाग रहा है तो सहर का आदमी अपनी 'जनाना' को गाँव आने देगा भला?''

''मुझे बाँध रखेंगे क्या?''

''हाँ, बाँधकर रखेंगे। कमरे में बन्द करके।''

गंगापुरवाली दादी उठकर बैठ गई और 'जाप' करने लगी। दोनों चुप हो गईं।

गंगापुरवाली दादी बाहर गई। विजया ने देखा, चुरमुनियाँ सो गई है। वह धीरे-धीरे उसके झबरे बालों पर हाथ फेरने लगी।

सुबह उठकर बाहर निकलते ही चुरमुनियाँ चिल्लाई, ''देख-देख बिजैयादि, 'लीलकंठ' देख लो!''

गोढ़ी-टोले से एक जिन्दा मछली ले आई चुरमुनियाँ और मिट्टी के बर्तन में पानी डालकर सामने रख दिया। फिर गाँव से उत्तर, बाबा जीन-पीर के थान की

मिट्टी लाने गई। सुबह से ही वह काम में मगन है, चुपचाप। विजया के मामा ने कई बार छेड़कर चिढ़ाने की चेष्टा की। विजया ने भी कई बार चुटकी ली। मगर वह चुप रही। आज वह गंगापुरवाली दादी की गालियों का न जवाब देती है और न होंठों को बिदकाकर मुँह चिढ़ाती है।...कल कह रही थी, ''जानती है बिजैयादि, तुम चली जाओगी तो कल से दादी गाली भी नहीं देगी। दिन-रात मुँह फुलाकर बैठी रहेगी या आँख मूँदकर जाप करेगी।''

दोपहर को जब विजया के मामा भोजन करने बैठे तो चुरमुनियाँ ने मुँह खोला, ''मामा, बिजैयादि को भी अपने सामने बैठकर खाने को कहिए। कल से ही मुँह में...कुछ ...नहीं।''

लगा, बालू का बाँध अरराकर टूट गया है। फफककर फूटकर रो पड़ी चुरमुनियाँ, ''बिजैयादि यहाँ से...भूखी-प्यासी...जाएगी ई-ई-ई!''

चुरमुनियाँ की बरसती हुई लाल-लाल आँखों में विजया ने कुछ देखा और वह सिहर पड़ी।...रोते-रोते मर जाएगी यह लड़की। उसने रुँधे हुए गले से चुरमुनियाँ को समझाना शुरू किया, ''चल! पहले उठकर नहा ले! मैं तुम्हारे साथ ही बैठकर खाऊँगी। उठ!''

विजया के मामा को अचरज हुआ। आज तक विजया ने किसी बच्चे-बच्ची को इस तरह दुलार-भरे सुर में नहीं पुचकारा। वे जल्दी-जल्दी भोजन करके बाहर दालान पर चले गए।

विजया ने चुरमुनियाँ को नहलाया-धुलाया। गंगापुरवाली दादी ने बाहर निकलकर कई भद्दी गालियाँ दीं। किन्तु आज उसकी गाली सुनकर भी चुरमुनियाँ रोती है।... कल से दादी गाली देना भी बन्द कर देगी।

खाने के समय विजया ने टोका, ''पेट भरकर खा।''

चुरमुनियाँ बोली, ''मैं भी वही कह रही थी तुमसे।''

फिर दोनों हँस पड़ीं। हँसते-हँसते रोने लगीं।

बाहर मामा ने सूचना देने के लहजे में कहा, ''तीन बज रहे हैं।'' अर्थात्, अब दो घंटे और। साढ़े छह बजे की गाड़ी पकड़ने के लिए पाँच बजे ही घर से निकल पड़ना होगा।

चुरमुनियाँ बोली, ''जमराज!''

विजया हँसते-हँसते लोट-पोट हो गई।...मन की बात कही है चुरमुनियाँ ने।

देखते-ही-देखते सूरज ढल गया। अब, एक घंटा और!

सामान वगैरह बाहर दालान में भेजकर विजया ने चुरमुनियाँ को 'पूजा-घर' में पुकारा। गंगापुरवाली दादी रसोईघर में पकवान छान रही थी। चुरमुनियाँ अन्दर गई।

"देख चुरमुन, इधर आ। इस घर में रोज झाड़ू-लेपन, साँझ धूप-बत्ती देना मत भूलना।"

"तुमको कहना नहीं होगा। मैं घर के 'देवता-पित्तर' से लेकर गाँव के देवता-बाबा जीन-पीर के थान में रोज झाड़ू-बुहारी दूँगी—यह मनौती मैंने की है कि हे मैया गौरा पारबती!...कि हे बाबा जीन-पीर...हमारी बिजैयादि को कोई सहर में बाँधकर नहीं रखे।...जिस दिन तू लौटकर आएगी, मैं देवी के 'गहवर' में नाचूँगी...सिर पर फूल की डलिया लेकर। तू लौट आवेगी तो सब कोई लौटकर आवेंगे। भूले-भटके, भागे-पराए—सभी आवेंगे। तू नहीं आएगी तो इस गाँव में अब धरा ही क्या है? जो भी है, वह भी एक दिन नहीं रहेगा। सिर्फ गाँव की निसानी, घरों के डिह..."

"नहीं चुरमुन, ऐसी बात मत बोल।"

"तो, सत्त करो। मेरी देह छूकर कहो...।"

चुरमुनियाँ अपलक नेत्रों से विजया को देखती रही। विजया भी उसकी आँखों में डूब गई, "चुरमुन, मैं शहर में नहीं रह सकूँगी। मैं लौट आऊँगी। यहीं जीऊँगी, यहीं मरूँगी।...।"

"नः-नः, 'जातरा' के समय कुलच्छन-भरी बात मत निकालो मुँह से।...जानती है बिजैयादि, मुझे कैसा लगता है, कहूँ?...लगता है, तू मेरी बेटी है और मैं तुम्हारी माँ! तू मुझे...माने...अपनी माँ को हमेसा के लिए छोड़कर जा रही है।"

विजया चौंकी, तनिक। उसने चुरमुनियाँ के चेहरे पर उमड़ने-घुमड़नेवाली घटाओं को देखा। वह बोली, "हाँ, तू मेरी माँ है।...तू ही मेरी माँ है।"

चुरमुनियाँ आनन्द-विभोर हो गई, "बिजैयादि, जी छोटा मत करो। रोओ मत!...कलेजा मजबूत करो।...'कहल-सुनल' माफ करना।...अच्छा तो, पाँव लागों।"

बैलगाड़ियाँ चल पड़ीं। दालान के पास, गंगापुरवाली दादी के साथ चुरमुन टुकुर-टुकुर देखती रही...।

विजया उँगलियों पर जोड़ती है—ग्यारह महीने! ग्यारह-तीसे, तीन सौ तीस...!

चुरमुनियाँ ने ठीक ही कहा था। सच्चिदा भी शहर आ गया है और एक प्राइवेट कम्पनी में दरबानी करता है। गाँव से जो भी आता है, विजया सबसे पहले चुरमुनियाँ के बारे में पूछती है; फिर पूछती है, "गाँव छोड़कर क्यों आए?" सच्चिदा ने बताया, "चुरमुनियाँ तो पूरी 'भगतिन' बन गई है। रोज भोर में नहाकर सिव मन्दिर जाती है।...लोग कहते हैं कि लड़की पर कोई 'देव' ने सवारी की है।"

...जिस दिन विवाह की बात पक्की हुई, विजया का कलेजा धड़का था। उसे चुरमुनियाँ की बात याद आई थी। शादी के समय भी चुरमुनियाँ की बात मन में गूँज गई थी।

...उसने ठीक ही कहा था। चुरमुनियाँ पर सचमुच कोई 'देव' की सवारी हुई है। विवाह के बाद, पाँच महीने भी नहीं बीते सुख-चैन से! विजया फिर उँगलियों पर कुछ जोड़ती है।

...अब उसके पति इस बात को अच्छी तरह प्रमाणित करने पर तुले हुए हैं कि विजया को गाँव के किसी लड़के से प्रेम था और उसी के विरह में वह विवाह के बाद ही अर्द्ध-विक्षिप्त हो गई है...।

...विजया के काका को वकील का नोटिस देकर पूछा गया कि इस धोखेबाजी के लिए उस पर मुकदमा क्यों नहीं चलाया जाए?

...विजया के पति पाँच हजार रुपए बतौर हर्जाना के वसूल करना चाहते हैं, उसके काका से!...विजया कुछ भी नहीं जानती। कुछ भी नहीं समझती। कुछ समझने की चेष्टा भी नहीं करती। सिर्फ उँगलियों पर कुछ जोड़ती है। जोड़ती ही रहती है।

हिंगना-मठ के सूरतदास बाबाजी से एक पोस्टकार्ड लिखवाकर भेजा है, चुरमुनियाँ ने। कई डाकघरों में घूमती-भटकती हुई चिट्ठी विजया के पति को कल मिली है, "बिजैयादि कब आओगी? अब नहीं ही आओगी।" इसके बाद सूरतदास बाबाजी ने अपनी ओर से लिखा है, "चुरमुन एक महीने से बिछावन पर लबेजान है और दिन-रात तुम्हारा नाम...।"

विजया अपने पति को कुछ भी नहीं समझा सकी कि यह चुरमुन कौन है, जिसकी बीमारी की खबर पाकर वह इस तरह बेचैन हो गई। विजया की बस एक ही जिद, "मैं आज ही जाऊँगी। अभी...।"

तब, हमेशा की तरह उसे घर में बन्द करके कुंडी चढ़ा दी गई। किन्तु इस बार विजया न रोई, न चीखी, न चिल्लाई, न दरवाजा पीटा, न बर्तन-बासन तोड़ा। करुण-कंठ से गिड़गिड़ाने लगी, "मैं आपके पैर पड़ती हूँ। आप जो भी कहिएगा, मानूँगी।...मुझे एक बार अपने साथ ही गाँव ले चलिए। मैं खड़ी-खड़ी उस निगोड़ी को देख लूँगी। मरे या जीए। मैं उलटे पाँव वापस चली आऊँगी—आप ही के साथ।"

"यह चुरमुनियाँ आखिर है कौन?"

"मेरे गाँव की...एक...पड़ोसी की लड़की।"

"लेकिन, लगता है, तुम्हारी कोख की बेटी हो।"

"हाँ, वह मेरी माँ है। माँ है...।"

"मुझे देहाती-उल्लू मत समझना।"

हर दिन की तरह, विजया अचानक चुप हो गई और आँख मूँदकर अपने गाँव-मैके रानीडिह भाग गई। अब उसे कोई मारे, पीटे या काटे–घंटों अपने गाँव में पड़ी रहेगी। वह...दूर से ही दिखलाई पड़ता है, गाँव का बूढ़ा इमली का पेड़। वह रहा बाबा जीन-पीर का थान।...वह रही चुरमुनियाँ।...रानीडिह की ऊँची जमीन पर...लाल माटीवाले खेत में...अक्षत-सिन्दूर बिखेरे हुए हैं। हजारों गौरैया-मैना सूरज की पहली किरण फूटने के पहले ही खेत के बीच में कचर-पचर कर रही हैं। चुरमुनियाँ सचमुच पखेरू हो गई? उड़कर आई है, खंजन की तरह!...विजया की तलहथी पर एक नन्ही-सी जान वाली चिड़िया आकर बैठ गई।...चुरमुन रे! माँ...!

...डॉक्टर ने सूई गड़ाई या किसी ने छुरा भोंक दिया?–कोई मारे या काटे, विजया अपने गाँव से नहीं लौटेगी, अभी!

ओ हरामजादे

भीष्म साहनी

घुमक्कड़ी के दिनों में मुझे खुद मालूम न होता कि कब किस घाट जा लगूँगा। कभी भूमध्य सागर के तट पर भूली-बिसरी किसी सभ्यता के खँडहर देख रहा होता, तो कभी यूरोप के किसी नगर की जनाकीर्ण सड़कों पर घूम रहा होता। दुनिया बड़ी विचित्र पर साथ ही अबोध और अगम्य लगती, जान पड़ता जैसे मेरी ही तरह वह भी बिना किसी धरे के निरुद्देश्य घूम रही है।

ऐसे ही एक बार मैं यूरोप के एक दूरवर्ती इलाके में जा पहुँचा था। एक दिन दोपहर के वक्त होटल के कमरे में से निकलकर मैं खाड़ी के किनारे बेंच पर बैठा आती-जाती नावों को देख रहा था, जब मेरे पास से गुजरते हुए अधेड़ उम्र की एक महिला ठिठककर खड़ी हो गई। मैंने विशेष ध्यान नहीं दिया, मैंने समझा उसे किसी दूसरे चेहरे का मुगालता हुआ होगा। पर वह और भी निकट आ गई।

"भारत से आए हो?" उसने धीरे-से बड़ी शिष्ट मुस्कान के साथ पूछा।

मैंने भी मुस्कराकर सिर हिला दिया।

"मैं देखते ही समझ गई थी कि तुम हिन्दुस्तानी होगे।" और वह अपना बड़ा-सा थैला बेंच पर रखकर मेरे पास बैठ गई।

नाटे कद की बोझिल से शरीर की महिला बाजार से सौदा खरीदकर लौट रही थी। खाड़ी के नीले जल जैसी ही उसकी आँखें थीं—इतनी साफ नीली आँखें केवल बच्चों की ही होती हैं। इस पर साफ गोरी त्वचा। पर बाल खिचड़ी हो रहे थे और चहेरे पर हल्की-हल्की रेखाएँ उतर आई थीं, जिनके जाल से, खाड़ी हो या रेगिस्तान, कभी कोई बच नहीं सकता। अपना खरीदारी का थैला बेंच पर रखकर वह मेरे पास तनिक सुस्ताने के लिए बैठ गई। वह अंग्रेज नहीं थी पर टूटी-फूटी अंग्रेजी में अपना मतलब अच्छी तरह से समझा लेती थी।

"मेरा पति भी भारत का रहनेवाला है। इस वक्त घर पर है। तुमसे मिलकर बहुत खुश होगा।"

मैं हैरान हुआ। इंग्लैंड और फ्रांस आदि देशों में तो हिन्दुस्तानी लोग बहुत मिल जाते हैं। वहीं पर सैकड़ों बस भी गए हैं। लेकिन यूरोप के इस दूर-दूराज इलाके में कोई हिन्दुस्तानी क्यों आकर रहने लगा होगा! कुछ कुतूहलवश, कुछ वक्त काटने की इच्छा से, मैं तैयार हो गया।

"चलिए, जरूर मिलना चाहूँगा।"

और हम दोनों उठ खड़े हुए।

सड़क पर चलते हुए मेरी नजर बार-बार इस महिला के गोल-मटोल शरीर पर जाती रही। उस हिन्दुस्तानी ने इस औरत में क्या देखा होगा, जो घर-बार छोड़कर यहाँ इसके साथ बस गया है। सम्भव है, जवानी में चुलबुली और नटखट रही होगी। इसकी नीली आँखों ने कहर ढाए होंगे। हिन्दुस्तानी मरता ही नीली आँखों और गोरी चमड़ी पर है। पर अब तो समय उस पर कहर ढाने लगा था। पचास-पचपन की रही होगी। थैला उठाए हुए साँस बार-बार फूल रही थी, कभी उसे एक हाथ में उठाती, कभी दूसरे हाथ में। मैंने थैला उसके हाथ से ले लिया और हम बतियाते हुए उसके घर की ओर जाने लगे।

"आप भी कभी भारत गई हैं?" मैंने पूछा।

"एक बार गई थी। लाल ले गया था। पर इसे तो अब, लगता है, बीसियों बरस बीत चुके हैं।"

"लाल साहब तो जाते रहते होंगे?"

महिला ने खिचड़ी बालोंवाला अपना सिर झटककर कहा, "नहीं, वह भी कभी नहीं गया। इसीलिए वह तुमसे मिलकर बहुत खुश होगा। यहाँ हिन्दुस्तानी बहुत कम आते हैं।"

तंग सीढ़ियाँ चढ़कर हम एक फ्लैट में पहुँचे। अन्दर रोशनी थी और एक खुला-सा कमरा जिसकी चारों दीवारों के साथ किताबों से ठसाठस भरी अलमारियाँ रखी थीं। दीवार का जहाँ कहीं कोई टुकड़ा खाली मिला था, वहाँ तरह-तरह के नक्शे और मानचित्र टाँग दिए गए थे। उसी कमरे में दूर, खिड़की के पासवाले कमरे में काले रंग का सूट पहने, साँवले रंग और उड़ते सफेद बालोंवाला एक हिन्दुस्तानी बैठा कोई पत्रिका बाँच रहा था।

"लाल, देखो तो कौन आया है? इनसे मिलो। तुम्हारे एक देशवासी को जबर्दस्ती खींच लाई हूँ।" महिला ने हँसकर कहा।

वह उठ खड़ा हुआ। जिज्ञासा और कुतूहल से मेरी ओर देखता हुआ आगे बढ़ आया।

"आइए-आइए! बड़ी खुशी हुई। मुझे लाल कहते हैं, मैं यहाँ इंजीनियर हूँ। मेरी पत्नी ने मुझ पर बड़ा एहसान किया है जो आपको ले आई हैं।"

ऊँचे-लम्बे कद का आदमी निकाला। यह कहना कठिन था कि भारत के किस हिस्से से आया है। शरीर का बोझिल और ढीला-ढाला था। दोनों कनपटियों के पास सफेद बालों के गुच्छे से उग आए थे, जबकि सिर के ऊपर गिने-चुने सफेद बाल उड़-से रहे थे।

दुआ-सलाम के बाद हम बैठे ही थे कि उसने सवालों की झड़ी लगा दी।

"दिल्ली शहर तो अब बहुत कुछ बदल गया होगा?" उसने बच्चों के से आग्रह के साथ पूछा।

"हाँ। बदल गया है। आप कब थे दिल्ली में?"

"मैं दिल्ली का रहनेवाला नहीं हूँ। यों लड़कपन में बहुत बार दिल्ली गया हूँ। रहनेवाला तो मैं पंजाब का हूँ, जालन्धर का। जालन्धर तो आपने कहाँ देखा होगा!"

"ऐसा तो नहीं, स्वयं पंजाब का रहनेवाला हूँ। किसी जमाने में जालन्धर में रह चुका हूँ।"

मेरे कहने की देर थी कि वह आदमी उठ खड़ा हुआ और लपककर मुझे बाँहों में भर लिया।

"ओ जालम! तू बोलना नहीं एँ जे जलन्धर दा रहणवाले?"

मैं सकुचा गया। ढीले-ढाले बुजुर्ग को यों उत्तेजित होता देख मुझे अटपटा-सा लगा। पर वह सिर से पाँव तक पुलक उठा था। इसी उत्तेजना में वह आदमी मुझे छोड़कर तेज-तेज चलता हुआ पिछले कमरे की ओर चला गया और थोड़ी देर बाद अपनी पत्नी को साथ लिये अन्दर दाखिल हुआ जो इस बीच थैला उठाए अन्दर चली गई थी।

"हेलेन, यह आदमी जालन्धर से आया है, मेरे शहर से, तुमने बताया ही नहीं।"

उत्तेजना के कारण उसका चेहरा दमकने लगा था। बड़ी-बड़ी आँखों के नीचे गूमड़ों में नमी आ गई थी।

"मैंने ठीक ही किया ना," महिला कमरे में आते हुए बोली। उसने इस बीच एप्रन पहन लिया था और रसोईघर के काम करने लग गई थी। बड़ी शालीन, स्निग्ध नजर से उसने मेरी ओर देखा। उसके चेहरे पर वैसी ही शालीनता झलक रही थी जो दसियों वर्ष तक शिष्टाचार निभाने के बाद स्वभाव का अंग बन जाती है। वह मुस्कुराती हुई मेरे पास आकर बैठ गई।

"लाल, मुझे भारत में जगह-जगह घुमाने ले गया था। आगरा, बनारस, कलकत्ता, हम बहुत घूमे थे..."

वह बुजुर्ग इस बीच टकटकी बाँधे मेरी ओर देखे जा रहा था। उसकी आँखों में वही रूमानी किस्म का देशप्रेम झलकने लगा था जो देश के बाहर रहनेवाले

हिन्दुस्तानी की आँखों में, अपने किसी देशवासी से मिलने पर चमकने लगता है। हिन्दुस्तानी पहले तो अपने देश से भागता है, और बाद में उसी हिन्दुस्तान के लिए तरसने लगता है।

"भारत छोड़ने के बाद आप बहुत दिन से भारत नहीं गए, आपकी श्रीमती बता रही थीं। भारत के साथ आपका सम्पर्क तो रहता ही होगा?"

और मेरी नजर किताबों से ठसाठस भरी अलमारियों पर पड़ी। दीवारों पर अनेक मानचित्र भारत के ही मानचित्र थे।

उसकी पत्नी अपनी भारत-यात्रा को याद करके अनमनी-सी हो गई थी, एक छाया-सी मानो उसके चेहरे पर डोलने लगी हो।

"लाल के कुछ मित्र-सम्बन्धी अभी भी जालन्धर में रहते हैं। कभी-कभी उनका खत आ जाता है।" फिर हँसकर बोली, "उनके खत मुझे पड़ने के लिए नहीं देता। कमरा अन्दर से बन्द करके उन्हें पढ़ता है।"

"तुम क्या जानो उन खतों से मुझे क्या मिलता है!" लाल ने भावुक होते हुए कहा।

इस पर उसकी पत्नी उठ खड़ी हुई।

"तुम लोग जालन्धर की गलियों में घूमो, मैं चाय का प्रबन्ध करती हूँ..."

उसने हँसकर कहा और उन्हीं कदमों रसोई की ओर घूम गई।

भारत के प्रति उस आदमी की अत्यधिक भावुकता को देखकर मुझे अचम्भा भी हो रहा था। देश के बाहर दशाब्दियों तक रह चुकने के बाद भी कोई आदमी बच्चों की तरह भावुक हो सकता है, मुझे अटपटा लग रहा था।

"मेरे एक मित्र को भी आपकी ही तरह भारत से बड़ा लगाव था," मैंने आवाज को हल्का करते हुए मजाक के से लहजे में कहा, "वह भी बरसों तक देश के बाहर रहता रहा था। उसके मन में ललक उठने लगी कि कब मैं फिर से अपने देश की धरती पर पाँव रख पाऊँगा, कब अपने वतन की जमीन को अपने हाथ से छू पाऊँगा।"

कहते हुए मैं क्षण-भर के लिए ठिठका। मैं जो कहने जा रहा हूँ, शायद मुझे नहीं कहना चाहिए। लेकिन फिर भी धृष्टता से बोलता गया, "चुनांचे वर्षों बाद सचमुच वह एक दिन टिकट कटवाकर हवाई जहाज द्वारा दिल्ली जा पहुँचा। उसने खुद यह किस्सा बाद में मुझे सुनाया था। हवाई जहाज पर से उतकर वह बाहर आया, हवाई अड्डे की भीड़ में खड़े-खड़े ही वह नीचे की ओर झुका और बड़े श्रद्धाभाव से भारत की धरती का स्पर्श किया। पर जब स्पर्श करने के बाद खड़ा हुआ तो देखा, बटुआ गायब था..."

बुजुर्ग अभी भी मेरी ओर देखे जा रहा था। उसकी आँखों के भाव में एक तरह की दूरी आ गई थी, जैसे अतीत की अँधियारी खोह में से दो आँखें मुझ पर लगी हों।

''उसने झुककर स्पर्श तो किया, यही बड़ी बात है,'' उसने धीरे से कहा, ''दिल की साध तो पूरी कर ली।''

मैं सकुचा गया। मुझे अपना व्यवहार भौंड़ा-सा लगा, लेकिन उसकी सनक के प्रति मेरे दिल में गहरी सहानुभूति रही हो, ऐसा भी नहीं था।

वह अभी भी मेरी ओर बड़े स्नेह से देखे जा रहा था। फिर वह सहसा उठ खड़ा हुआ, ''ऐसे मौके तो रोज-रोज नहीं आते। इसे तो हम सेलिब्रेट करेंगे।''

और पीछे जाकर एक अलमारी में से कोन्याक शराब की बोतल और दो शीशे के जाम उठा लाया।

जाम में कोन्याक उँड़ेली गई। वह मेरे साथ बगलगीर हुआ, और हमने इस 'अनमोल घड़ी' के नाम पर जाम टकराए।

''आपको चाहिए कि आप हर तीसरे-चौथे साल भारत की यात्रा पर आया करें। इससे मन भरा रहता है।'' मैंने कहा।

उसने सिर हिलाया, ''एक बार गया था, लेकिन तभी निश्चय कर लिया था कि अब कभी भारत नहीं आऊँगा।'' शराब के दो-एक जामों के बाद ही वह खुलने लगा था, और उसकी भावुकता में एक प्रकार की आत्मीयता का पुट भी आने लगा था। मेरे घुटने पर हाथ रखकर बोला, ''मैं घर में भागकर आया था। तब मैं बहुत छोटा था। इस बात को अब लगभग चालीस साल होने को आए हैं,'' वह थोड़ी देर के लिए पुरानी यादों में खो गया, फिर, अपने को झटका-सा देकर वर्तमान में लौट आया, ''जिन्दगी में कभी कोई बड़ी घटना जिन्दगी का रुख नहीं बदलती, हमेशा छोटी, तुच्छ-सी घटनाएँ ही जिन्दगी का रुख बदलती हैं। मेरे भाई ने मुझे केवल डाँटा था कि तुम पढ़ते-लिखते नहीं हो, आवारा घूमते रहते हो, पिताजी का पैसा बर्बाद करते हो...और मैं उसी रात घर से भाग गया था।''

कहते हुए उसने फिर से मेरे घुटने पर हाथ रखा और बड़ी आत्मीयता से बोला, ''अब सोचता हूँ, वह एक बार नहीं, दस बार भी मुझे डाँटता तो मैं इसे अपना सौभाग्य समझता। कम-से-कम कोई डाँटनेवाला तो था।''

कहते-कहते उसकी आवाज लड़खड़ा गई, ''बाद में मुझे पता चला कि मेरी माँ जिन्दगी के आखिरी दिन तक मेरा इन्तजार करती रही थी। और मेरा बाप, हर रोज सुबह ग्यारह बजे, जब डाकिए के आने का वक्त होता तो वह घर के बाहर चबूतरे पर आकर खड़ा हो जाता था। और इधर मैंने यह दृढ़ निश्चय कर रखा था कि जब तक मैं कुछ बन न जाऊँ, घरवालों को खत नहीं लिखूँगा।''

एक क्षीण-सी मुस्कान उसके होंठों पर आई और बुझ गई, ''फिर मैं भारत गया। यह लगभग पन्द्रह साल बाद की बात रही होगी। मैं बड़े मंसूबे बाँधकर गया था...''

उसने फिर जाम भरे और अपना किस्सा सुनाने के लिए मुँह खोला ही था कि चाय आ गई। नाटे कद की उसकी गोल-मटोल पत्नी चाय की ट्रे उठाए, मुस्कुराती हुई चली आ रही थी। उसे देखकर मन में फिर से सवाल उठा, क्या यह महिला जिन्दगी का रुख बदलने का कारण बन सकती है?

चाय आ जाने पर वार्तालाप में औपचारिकता आ गई।

''जालन्धर में हम माई हीराँ के दरवाजे के पास रहते थे। तब तो जालन्धर बड़ा टूटा-फूटा-सा शहर था। क्यों, हनी? तुम्हें याद है, जालन्धर में हम कहाँ पर रहे थे?''

''मुझे गलियों के नाम तो मालूम नहीं, लाल, लेकिन इतना याद है कि सड़कों पर कुत्ते बहुत घूमते थे, और नालियाँ बड़ी गन्दी थीं, मेरी बड़ी बेटी—तब वह डेढ़ साल की थी—मक्खी देखकर डर गई थी। पहले कभी मक्खी नहीं देखी थी। वहीं पर उसने पहली बार गिलहरी को भी देखा था। गिलहरी उसके सामने से लपककर एक पेड़ पर चढ़ गई थी तो वह भागती हुई मेरे पास दौड़ आई थी।...और क्या था वहाँ?''

''...हम लाल के पुश्तैनी घर में रहे थे...''

चाय पीते समय हम इधर-उधर की बातें करते रहे। भारत की अर्थव्यवस्था की, नए-नए उद्योग-धन्धों की, और मुझे लगा कि देश से दूर रहते हुए भी यह आदमी देश की गतिविधि से बहुत कुछ परिचित है।

''मैं भारत में रहते हुए भी भारत के बारे में बहुत कम जानता हूँ, आप भारत से दूर हैं पर भारत के बारे में बहुत कुछ जानते हैं।''

उसने मेरी ओर देखा और हौले-से मुस्कराकर बोला, ''तुम भारत में रहते हो, यही बड़ी बात है।''

मुझे लगा जैसे सब कुछ रहते हुए भी, एक अभाव-सा, इस आदमी के दिल को अन्दर-ही-अन्दर चाटता रहता है—एक खला जिसे जीवन में उपलब्धियाँ और आराम आसायश, कुछ भी नहीं पाट सकता, जैसे रह-रहकर कोई जख्म-सा रिसने लगता हो।

सहसा उसकी पत्नी बोली, ''लाल ने अभी तक अपने को इस बात के लिए माफ नहीं किया कि उसने मेरे साथ शादी क्यों की।''

''हेलेन...''

मैं अटपटा महसूस करने लगा। मुझे लगा जैसे भारत को लेकर पति-पत्नी के बीच अकसर झगड़ा उठ खड़ा होता होगा, और जैसे इस विषय पर झगड़ते हुए ही

ये लोग बुढ़ापे की दहलीज तक आ पहुँचे थे। मन में आया कि मैं फिर से भारत की बुराई करूँ, ताकि वह सज्जन अपनी भावुक परिकल्पनाओं से छुटकारा पाएँ लेकिन यह कोशिश बेसूद थी।

"सच कहती हूँ," उसकी पत्नी कहे जा रही थी, " इसे भारत में शादी करनी चाहिए थी। तब यह खुश रहता। मैं अब भी कहती हूँ कि यह भारत चला जाए, और मैं अलग यहाँ पर रहती रहूँगी। हमारी दोनों बेटियाँ बड़ी हो गई हैं। मैं अपना ध्यान कर लूँगी..."

वह बड़ी सन्तुलित, निलिप्त आवाज में कहे जा रही थी। उसकी आवाज में न शिकायत का स्वर था, न क्षोभ का। मानो अपने पति के ही हित की बात बड़े तर्कसंगत और सुचिन्तित ढंग से कह रही हो।

"पर मैं जानती हूँ, यह वहाँ पर भी सुख से नहीं रह पाएगा। अब तो वहाँ की गरमी भी बर्दाश्त नहीं कर पाएगा। और वहाँ पर अब इसका कौन बैठा है? माँ रही, न बाप। भाई ने मरने से पहले पुराना पुश्तैनी घर भी बेच दिया था।"

"हेलेन प्लीज..." बुजुर्ग ने वास्ता डालने के से लहजे में कहा।

अबकी बार मैंने स्वयं इधर-उधर की बातें छेड़ दीं। पता लगा कि उनकी दो बेटियाँ हैं, जो इस समय घर पर नहीं थीं। बड़ी बेटी पापा की ही तरह इंजीनियर बनी थी, जबकि छोटी बेटी अभी यूनिवर्सिटी में पढ़ रही थी, कि दोनों बड़ी समझदार और प्रतिभासम्पन्न हैं। युवतियाँ हैं।

क्षण-भर के लिए मुझे लगा जैसे इस भावुकता की ओर अधिक ध्यान नहीं देना चाहिए, इसे सनक से ज्यादा नहीं समझना चाहिए, जो इस आदमी को कभी-कभी परेशान करने लगती है, जब अपने वतन का कोई आदमी इससे मिलता है। मेरे चले जाने के बाद भावुकता का यह ज्वार उतर जाएगा और यह फिर से अपने दैनिक जीवन में पटरी पर आ जाएगा।

आखिर चाय का दौर खत्म हुआ, और हमने सिगरेट सुलगाया। कोन्याक का दौर अभी भी थोड़े-थोड़े वक्त के बाद चल रहा था। कुछ देर सिगरेटों, सिगारों की चर्चा चली, इस बीच उसकी पत्नी चाय के बर्तन उठाकर किचन की ओर बढ़ गई।

"हाँ, आप कुछ बता रहे थे कि कोई छोटी-सी घटना घटी थी..."

वह क्षण-भर के लिए ठिठका, फिर सिर टेढ़ा करके मुस्कुराने लगा, "तुम अपने देश से ज्यादा देर बाहर नहीं रहे इसलिए नहीं जानते कि परदेस में दिल की क्या कैफियत होती है। पहले कुछ साल तो मैं सब कुछ भूला रहा, पर भारत से निकले दस-बारह साल बाद भारत की रह-रहकर मुझे याद सताने लगी। मुझ पर एक जुनून-सा तारी होने लगा। मेरे व्यवहार में भी अजीब बचपना-सा आने लगा।

कभी-कभी मैं कुर्ता-पाजामा पहनकर सड़कों पर घूमने लगता था, ताकि लोगों को पता चले कि मैं हिन्दुस्तानी हूँ, भारत का रहनेवाला हूँ। कभी जोधपुरी चप्पल पहन लेता, जो मैंने लन्दन से मँगवाई थी, लोग सचमुच बड़े कुतूहल से मेरी जोधपुरी चप्पल की ओर देखते और मुझे बड़ा सुख मिलता। मेरा मन चाहता कि मैं सड़कों पर पान चबाता हुआ निकलूँ, धोती पहनकर चलूँ। मैं सचमुच दिखाना चाहता था कि मैं भीड़ में खोया अजनबी नहीं हूँ, मेरा भी कोई देश है, मैं भी कहीं का रहनेवाला हूँ। परदेस में रहनेवाले हिन्दुस्तानी के दिल को जो बात सबसे ज्यादा सालती है, वह यह कि वह परदेश में एक के बाद एक सड़क लाँघता चला जाए और उसे कोई जानता नहीं, कोई पहचानता नहीं, जबकि अपने वतन में हर तीसरा आदमी वाकिफ होता है। दीवाली के दिन मैं घर में मोमबत्तियाँ लाकर जला देता, हेलेन के माथे पर बिन्दी लगाता, उसकी माँग में लाल रंग भरता। मैं इस बात के लिए तरस-तरस जाता कि रक्षाबन्धन का दिन हो और मेरी बहिन अपने हाथों से मुझे राखी बाँधे, और कहे, 'मेरा वीर जुग-जुग जिए!' मैं 'वीर' शब्द सुन पाने के लिए तरस-तरस जाता। आखिर मैंने भारत जाने का फैसला कर लिया। मैंने सोचा, मैं हेलेन को भी साथ ले चलूँगा और अपनी डेढ़ बरस की बच्ची को भी। हेलेन को भारत की सैर कराऊँगा और यदि उसे भारत पसन्द आया तो वहीं छोटी-मोटी नौकरी करके रह जाऊँगा।

"पहले तो हम भारत में घूमते-घामते रहे। दिल्ली, आगरा, बनारस...मैं एक-एक जगह बड़े चाव से इसे दिखाता और इसकी आँखों से इसकी प्रतिक्रिया ढूँढ़ता रहता। इसे कोई जगह पसन्द होती तो मेरा दिल गर्व से भर उठता।

"फिर हम जालन्धर गए।" कहते ही वह आदमी फिर अनमना-सा होकर नीचे की ओर देखने लगा और चुप-सा हो गया, मुझे लगा जैसे वह मन-ही-मन दूर अतीत में खो गया है और खोता चला जा रहा है। पर सहसा उसने कन्धे झटक दिए और फर्श की ओर आँखें लगाए ही बोला, "जालन्धर में पहुँचते ही मुझे घोर निराशा हुई। फटीचर-सा शहर, लोग जरूरत से ज्यादा काले और दुबले। सड़कें टूटी हुईं। सभी कुछ जाना-पहचाना था लेकिन बड़ा छोटा-छोटा और टूटा-फूटा। क्या यही मेरा शहर है जिसे मैं हेलेन को दिखाने लाया हूँ। हमारा पुश्तैनी घर जो बचपन में मुझे इतना बड़ा-बड़ा और शानदार लगा करता था, अब खँडहर-सा लग रहा था, पुराना और सिकुड़ा हुआ। माँ-बाप बरसों पहले मर चुके थे। भाई प्यार से मिला लेकिन उसे लगा जैसे मैं जायदाद बाँटने आया हूँ और वह पहले दिन से ही खिंचा-खिंचा रहने लगा। छोटी बहन की दस बरस पहले शादी हो चुकी थी और वह मुरादाबाद में जाकर रहने लगी थी। क्या मैं विदेश में बैठा इसी नगर के स्वप्न देखा करता था? क्या मैं इसी शहर को देख पाने के लिए बरसों से तरसता रहा हूँ?

जान-पहचान के लोग बूढ़े हो चुके थे। गली के सिरे पर कुबड़ा हलवाई बैठा करता था। वह पहले से भी ज्यादा पिचक गया था, और दुकान में चौकी पर बैठने के बजाय, दुकान के बाहर खाट पर उकड़ूँ बैठा था। गलियाँ बोसीदा, सोई हुईं। मैं हेलेन को क्या दिखाने लाया हूँ? दो-तीन दिन इसी तरह बीत गए। कभी मैं शहर के बाहर खेतों में चला जाता, कभी गली-बाजार में घूमता। पर दिल में कोई स्फूर्ति नहीं थी, कोई उत्साह नहीं था। मुझे लगा जैसे मैं फिर किसी पराए नगर में पहुँच गया हूँ।

"तभी एक दिन बाजार में जाते हुए मुझे अचानक ऊँची-सी आवाज सुनाई दी–'ओ हरामजादे!' मैंने विशेष ध्यान नहीं दिया। यह हमारे शहर की परम्परागत गाली थी जो चौबीस घंटे हर शहरी की जबान पर रहती थी। केवल इतना भर विचार मन में उठा कि शहर तो बुढ़ा गया है लेकिन उसकी तहजीब ज्यों-की-त्यों कायम है।

"'ओ हरामजादे! अब बाप की तरफ देखता भी नहीं?'

"मुझे लगा जैसे कोई आदमी मुझे ही सम्बोधन कर रहा है। मैंने घूमकर देखा। सड़क के पार, साइकिलों की एक दुकान के चबूतरे पर खड़ा हो एक आदमी मुझे ही बुला रहा था।

"मैंने ध्यान से देखा। काली-काली फनियर मूँछों और सपाट गंजे सिर और आँखों पर लगे मोटे चश्मों के बीच से एक आकृति-सी उभरने लगी। फिर मैंने झट-से उसे पहचान लिया। वह तिलकराज था, मेरा पुराना सहपाठी।

"'हरामजादे! अब बाप को पहचानता भी नहीं है!' दूसरे क्षण हम दोनों एक-दूसरे की बाँहों में थे।

"'ओ हराम दे! बाहर की गया, साहब बन गया तूँ? तेरी साहबी विच मैं...' और उसने मुझे जमीन पर से उठा लिया। मुझे डर था कि वह सचमुच ही सड़क पर मुझे पटक नहीं दे। दूसरे क्षण हम एक-दूसरे को गालियाँ निकाल रहे थे।

"मुझे लड़कपन का मेरा दोस्त मिल गया था। तभी सहसा मुझे लगा जैसे जालन्धर मिल गया, मुझे मेरा वतन मिल गया है। अभी तक मैं अपने ही शहर में अजनबी-सा घूम रहा था। तिलकराज से मिलने की देर थी कि मेरा सारा परायापन जाता रहा। मुझे लगा जैसे मैं यहीं का रहनेवाला हूँ। मैं सड़क पर चलते किसी भी आदमी से बात कर सकता हूँ, झगड़ सकता हूँ। हर इनसान कहीं का बनकर रहना चाहता है। अभी तक मैं अपने शहर में लौटकर भी परदेसी था, मुझे किसी ने पहचाना नहीं था। अपनाया नहीं था। यह गाली मेरे लिए वह तन्तु था, सोने की वह कड़ी थी जिसने मुझे मेरे वतन से, मेरे लोगों से, मेरे बचपन और लड़कपन से फिर से जोड़ दिया था।

''तिलकराज की और मेरी हरकतों में बचपना था, बेवकूफी थी। पर उस वक्त वही सत्य था, और उसकी सत्यता से आज भी मैं इनकार नहीं कर सकता। दिल-दुनिया के सच बड़े भौंड़े पर बड़े गहरे और सच्चे होते हैं।

'' 'चल, कहीं बैठकर चाय पीते हैं,' तिलकराज ने फिर गाली देकर कहा। वह पंजाबी दोस्त क्या जो गाली देकर, 'पक्कड़' तोलकर बगलगीर न हो जाए।

''हम दोनों, एक-दूसरे की कमर में हाथ डाले, खरामा-खरामा माई हीराँ के दरवाजे की ओर जाने लगे। मेरी चाल में पुराना अलसाव आ गया। मैं जालन्धर की गलियों में यों घूमने लगा जैसे कोई जागीरदार अपनी जागीर में घूमता है। मैं पुलक-पुलक रहा था। किसी-किसी वक्त मन में से आवाज उठती थी–तुम यहाँ के नहीं हो, पराए हो, परदेसी हो, पर मैं अपने पैर और भी ज्यादा जोर से पटक-पटककर चलने लगता।

'' 'चुच्चा हलवाई अभी भी वहाँ पर बैठता है?'

'' 'और क्या तू हमें धोखा दे गया है, और लोगों ने तो धोखा नहीं दिया।'

''इसी अल्हड़पन से, एक दूसरे की कमर में हाथ डाले, हम किसी जमाने में इन्हीं सड़कों पर घूमा करते थे। तिलकराज के साथ मैं लड़कपन में पहुँच गया था, उन दिनों का अलबेलापन महसूस करने लगा था।

हम एक मैले-कुचैले ढाबे में जा बैठे। वही मक्खियों और मैल से अटी गन्दी मेज, पर मुझे परवाह नहीं थी, यह मेरे जालन्धर के ढाबे के मेज थी। उस वक्त मेरा मन करता कि हेलेन मुझे इस स्थिति में आकर देखे, तब वह मुझे देखकर जान लेगी कि मैं कौन हूँ, कहाँ का रहनेवाला हूँ, कि दुनिया में एक कोना ऐसा भी है जिसे मैं अपना कह सकता हूँ, यह गन्दा ढाबा, यह धुँआ भरी फटीचर खोह।

''ढाबे से निकलकर हम देर तक सड़कों पर मटरगश्ती करते रहे, यहाँ तक कि थककर चूर हो गए। वह उसी तरह मुझे अपने घर के सामने तक ले गया जैसे लड़कपन में मैं उसके साथ चलता हुआ, उसे उसके घर तक छोड़ने जाता था। फिर हम वहाँ से लौट पड़े, यह भी वैसा ही था जैसा लड़कपन में हुआ करता था। पहले मैं उसे उसके घर तक छोड़ने जाता, फिर वह मुझे मेरे घर तक छोड़ने आता था।

तभी उसने कहा, '' 'कल रात तुम खाना मेरे घर पर खाओगे। अगर इनकार किया तो साले, यहीं तुझे गले से पकड़कर नाली में घुसेड़ दूँगा।'

'' 'आऊँगा,' मैंने झट से कहा।

'' 'अपनी मेम को भी लाना। आठ बजे मैं तेरी राह देखूँगा। अगर नहीं आया तो साले हराम दे...'

''और पुराने दिनों की ही तरह उसने पहले हाथ मिलाया और फिर घुटना उठाकर मेरी जाँघ पर दे मारा। यही हमारा विदा होने का ढंग हुआ करता था। जो

पहले ऐसा कर जाए, कर जाए। मैंने भी उसे गले से पकड़ लिया और नीचे गिराने का अभिनय करने लगा।

''यह स्वाँग था। मेरी जालन्धर की सारी यात्रा ही छलावा थी। कोई भावना मुझे हाँके लिये जा रही थी और मैं इस छलावे में ही खोया रहना चाहता था।

''दूसरे रोज, आठ बजते न बजते हेलेन और मैं उसके घर जा पहुँचे। बच्ची को हमने पहले ही खिलाकर सुला दिया था। हेलेन ने अपनी सबसे बढ़िया पोशाक पहनी, काले रंग का फ्रॉक, जिस पर सुनहरी कसीदाकारी हो रही थी, कन्धों पर नारंगी रंग का स्टोल डाला, और बार-बार कहे जाती, 'तुम्हारा पुराना दोस्त है तो मुझे बन-सँवरकर ही जाना चाहिए ना।'

''मैं 'हाँ' कह देता पर उसके एक-एक प्रसाधन पर वह और भी ज्यादा दूर होती जा रही थी। न तो काला फ्रॉक और न बनाव-सिंगार और न स्टोल और इत्र फुलेल ही जालन्धर में सही बैठते थे। सच पूछो तो मैं चाहता भी नहीं था कि हेलेन मेरे साथ जाए। मैंने एकाध बार उसे टालने की कोशिश भी की, जिस पर वह बिगड़कर बोली, 'वाह जी, तुम्हारा दोस्त हो और मैं उससे न मिलूँ? फिर तुम मुझे यहाँ लाए ही क्यों हो?'

''हम लोग तो ठीक आठ बजे उसके घर पर पहुँच गए लेकिन उल्लू के पट्ठे ने मेरे साथ धोखा किया। मैं समझे बैठा था कि मैं और मेरी पत्नी ही उसके परिवार के साथ खाएँगे। पर जब हम उसके घर पहुँचे तो उसने सारा जालन्धर इकट्ठा कर रखा था, सारा घर मेहमानों से भरा था। तरह-तरह के लोग बुलाए गए थे। मुझे झेंप हुई। अपनी ओर से वह मेरा शानदार स्वागत करना चाहता था। वह भी पंजाबी स्वभाव के अनुरूप ही था। दोस्त बाहर से आए और वह उसकी खातिरदारी न करे। अपनी जमीन-जायदाद बेचकर भी वह मेरी खातिरदारी करता। अगर उसका बस चलता तो वह बैंड बाजा भी बुला लेता। पर मुझे बड़ी कोफ्त हुई। जब हम पहुँचे तो बैठकवाला कमरा मेहमानों से भरा था, उनमें से अनेक मेरे परिचित भी निकाल आए और मेरे मन में फिर हिलोर-सी उठने लगी।

''पत्नी से मेरा परिचय कराने के लिए मुझे बैठक में से रसोईघर की ओर ले गया। वह चूल्हे के पास बैठी कुछ तल रही थी। वह झट से उठ खड़ी हुई और दुपट्टे के कोने से हाथ पोंछती हुई आगे बढ़ आई। उसका चहेरा लाल हो रहा था और बालों की लट माथे पर झूल रही थी। ठेठ पंजाबिन, अपनत्व से भरी, मिलनसार, हँसमुख। उसे यों उठते देखकर मेरा सारा शरीर झनझना उठा। मेरी भावज भी चूल्हे पर से ऐसे ही उठ आया करती थी, दुपट्टे के कोने से हाथ पोंछती हुई, मेरी बड़ी बहिनें भी,

मेरी माँ भी। पंजाबी महिला का सारा बाँकपन, सारी आत्मीयता उसमें जैसे निखर-निखर आई थी। किसी पंजाबिन से मिलना हो तो रसोईघर की दहलीज पर ही मिलो। मैं सराबोर हो उठा। वह सिर पर पल्ला ठीक करती हुई, लजाती हुई मेरे सामने आ खड़ी हुई।

" 'भाभी, यह तेरा घरवाला तो पल्ले दर्जे का बेवकूफ है, तुम इसकी बातों में क्यों आ गई?'

" 'इतना आडम्बर करने की क्या जरूरत थी? हम लोग तो तुमसे मिलने आए हैं...'

"फिर मैंने तिलकराज की ओर मुखातिब होकर कहा, 'उल्लू के पट्ठे, तुझे मेहमानबाजी करने को किसने कहा था? हरामी, क्या मैं तेरा मेहमान हूँ?...मैं तुमसे निबट लूँगा।'

"उसकी पत्नी कभी मेरी ओर देखती, कभी अपने पति की ओर, फिर धीरे-से बोली, "आप आएँ और हम खाना भी न करें? आपके पैरों से तो हमारा घर पवित्र हुआ है।"

"फिर वह हमें छोड़कर सीधा मेरी पत्नी से मिलने चली गई और जाते ही उसका हाथ पकड़ लिया और बड़ी आत्मीयता से उसे खींचती हुई एक कुर्सी की ओर ले गई। वह यों व्यवहार कर रही थी जैसे उसका भाग्य जागा हो। हेलेन को कुर्सी पर बैठाने के बाद वह स्वयं नीचे फर्श पर बैठ गई। वह टूटी-फूटी अंग्रेजी बोल लेती थी और बेधड़क बोले जा रही थी। हर बार उसकी आँखें मिलतीं तो वह हँस देती। उसके लिए हेलेन तक अपने विचार पहुँचाना कठिन था, लेकिन अपनी आत्मीयता और स्नेहभाव उस तक पहुँचाने में उसे कोई कठिनाई नहीं हुई।

"उस शाम तिलकराज की पत्नी हेलेन के आगे-पीछे घूमती रही। कभी अन्दर से कढ़ाई के कपड़े उठा लाती और एक-एक करके हेलेन को दिखाने लगती। कभी उसका हाथ पकड़कर उसे रसोईघर में ले जाती और उसे एक-एक व्यंजन दिखाती थी कि उसने क्या बनाया है और कैसे बनाया है। फिर वह अपनी कुल्लू की शॉल उठा लाई और जब उसने देखा कि हेलेन को पसन्द आई है, तो उसने उसके कन्धों पर डाल दी।

"इस सारी आवभगत के बावजूद हेलेन थक गई। भाषा की कठिनाई के बावजूद वह बड़ी शालीनता के साथ सभी से पेश आई। पर अजनबी लोगों के साथ आखिर कोई कितनी देर तक शिष्टाचार निभाता रहे? अभी ड्रिंक्स ही चल रहे थे, जब वह एक कुर्सी पर थककर बैठ गई। जब कभी नजर हेलेन की ओर उठती तो वह नजर नीची कर लेती, जिसका मतलब था कि मैं चुपचाप इस इन्तजार में बैठी हूँ कि कब तुम मुझे यहाँ से ले चलो।

''रात के बारह बजे के करीब पार्टी खत्म हुई और तिलकराज के दोस्त-यार नशे में झूमते हुए अपने-अपने घर जाने लगे। उस वक्त तक काफी शोरगुल होने लगा था, कुछ लोग बहकने भी लगे थे। एक आदमी के हाथ से शराब का गिलास गिरकर टूट गया था।

''जब हम लोग भी जाने को हुए और हेलेन भी उठ खड़ी हुई तो तिलकराज ने पंजाबी दस्तूर के मुताबिक कहा, 'बैठ जा, बैठ जा, कोई जाना-वाना नहीं है।'

'' 'नहीं यार, अब चलें। देर हो गई है।'

''उसने फिर से मुझे धक्का देकर कुर्सी पर फेंक दिया।

''कुछ हल्का-हल्का सरूर, कुछ पुरानी याद, तिलकराज का प्यार और स्नेह और उसकी पत्नी का आत्मीयता से भरा व्यवहार, मुझे भला लग रहा था सलवार-कमीज पहने, बालों का जूड़ा बनाए, चूड़ियाँ खनकाती एक कमरे से दूसरे कमरे में जाती हुई तिलकराज की पत्नी मेरे लिए मेरे वतन का मुजस्समा बन गई थी, मेरे देश की समूची संस्कृति उसमें सिमट आई थी। मेरे दिल में, कहीं गहरे में, एक टीस-सी उठी कि मेरे घर में कोई मेरे ही देश की महिला एक कमरे से दूसरे कमरे में घूमा करती, उसी की हँसी गूँजती, मेरे ही देश के गीत गुनगुनाती। वर्षों से मैंने कभी यों चूड़ियाँ खनकने की आवाज नहीं सुनी थी। वर्षों मैं उन बोलों के लिए तरस गया था जो बचपन में अपने घर में सुना करता था।

''हेलेन से मुझे शिकायत नहीं थी। मेरे लिए उसने क्या नहीं किया था। उसने चपाती बनाना सीख लिया था। दाल छौंकना सीख लिया था। शादी के कुछ समय बाद ही वह मेरे मुँह से सुने गीत-टप्पे भी गुनगुनाने लगी थी। कभी-कभी सलवार-कमीज पहनकर मेरे साथ घूमने निकल पड़ती। रसोईघर की दीवार पर उसने भारत का एक मानचित्र टाँग दिया था जिस पर अनेक स्थानों पर लाल पेन्सिल से निशान लगा रखे थे कि जालन्धर कहाँ पर है और दिल्ली कहाँ है और अमृतसर कहाँ है, जहाँ मेरी बड़ी बहिन रहती थी। भारत सम्बन्धी जो किताब मिलती, उठा लाती। जब कभी कोई हिन्दुस्तानी मिल जाता उसे आग्रह-अनुरोध करके घर ले आती। पर उस समय मेरी नजर में यह सब बनावट था, नकल थी, मुलम्मा था—इनसान क्यों नहीं विवेक और समझदारी के बल पर अपना जीवन व्यतीत कर सकता? क्यों सारा वक्त तरह-तरह के अरमान उसके दिल को मथते रहते हैं?''

''फिर?'' मैंने आग्रह से पूछा।

उसने मेरी ओर देखा और उसके चेहरे की मांसपेशियों में हल्का-सा कम्पन हुआ। वह मुस्काराकर कहने लगा, ''तुम्हें क्या बताऊँ। तभी मैं एक भूल कर बैठा। हर इनसान कहीं-न-कहीं पागल होता है और पागल बना रहना चाहता है...जब मैं विदा लेने लगा और तिलकराज कभी मुझे गलबहियाँ देकर और कभी धक्का देकर

बिठा रहा था और हेलेन भी पहले से दरवाजे पर जा खड़ी हुई थी, तभी तिलकराज की पत्नी लपककर रसोईघर की ओर से आई और बोली, 'हाय, आप लोग जा रहे हैं? यह कैसे हो सकता है? मैंने तो खास आपके लिए सरसों का साग और मक्की की रोटियाँ बनाई हैं।'

"मैं ठिठक गया। सरसों का साग और मक्के की रोटियाँ पंजाबियों का चहेता भोजन है।

" 'भाभी, तुम भी अब कह रही हो? पहले अंटसंट खिलाती रही हो और जब घर जाने लगे हैं तो...'

" 'मैं इतने लोगों के लिए कैसे मक्के की रोटियाँ बना सकती थी? अकेली बनानेवाली जो थी। मैंने आपके लिए थोड़ी-सी बना दी। यह कहते थे कि आपको सरसों का साग और मक्के की रोटी बहुत पसन्द है...'

"सरसों का साग और मक्के की रोटी। मैं चहक उठा और तिलकराज को सम्बोधन करके कहा, 'ओ हरामी, मुझे बताया क्यों नहीं?' और उसी हिलोर में हेलेन से कहा, 'आओ हेलेन, भाभी ने सरसों का साग बनाया है। यह तो तुम्हें चखना ही होगा।'

"हेलेन खीज उठी। पर अपने को संयत कर मुस्कराती हुई बोली, 'मुझे नहीं, तुम्हें चखना होगा।' फिर धीरे-से कहने लगी, 'मैं बहुत थक गई हूँ। क्या यह साग कल नहीं खाया जा सकता?'

"सरसों का साग, नाम से ही मैं बावला हो उठा था। उधर शराब का हल्का-हल्का नशा भी तो था।

" 'भाभी ने खास हमारे लिए बनाया है। तुम्हें जरूर अच्छा लगेगा।' फिर बिना हेलेन के उत्तर का इन्तजार किए, 'साग है तो मैं तो रसोईघर के अन्दर बैठकर खाऊँगा,' मैंने बच्चों की तरह लाड़ से कहा, 'चल बे उल्लू के पट्ठे उतार जूते, धो हाथ और बैठ जा थाली के पास। एक ही थाली में से खाएँगे।'

"छोटा-सा रसोईघर था। हमारे अपने घर में भी ऐसा ही रसोईघर हुआ करता था जहाँ माँ अँगीठी के पास रोटियाँ सेंका करती थी और हम घर के बच्चे, साझी थालियों पर झुके लुकमे तोड़ा करते थे।

"फिर एक बार एक चिरपरिचित दृश्य मानो अतीत में से उभरकर मेरी आँखों के सामने घूमने लगा था और मैं आत्मविभोर होकर उसे देखे जा रहा था। चूल्हे की आग की लौ में तिलकराज की पत्नी के कान का झूमर चमक-चमक जाता था। सोने के काँटे में लाल नगीना पंजाबियों को बहुत फबता है। इस पर हर बार तवे पर रोटी सेंकने पर उसकी चूड़ियाँ खनक उठतीं और वह दोनों हाथों में गरम-गरम रोटी तवे पर से उतारकर हँसती हुई हमारी थाली में डाल देती। यह दृश्य मैं बरसों बाद देख

रहा था और यह मेरे लिए किसी स्वप्न से भी अधिक सुन्दर और हृदयग्राही था। मुझे हेलेन की सुध ही नहीं रही। मैं बिलकुल भूले हुए था कि बैठक में हेलेन अकेली बैठी मेरा इन्तजार कर रही है। मुझे डर था कि अगर मैं रसोईघर में से उठ गया तो स्वप्न भंग हो जाएगा। यह सुन्दरतम चित्र टुकड़े-टुकड़े हो जाएगा। लेकिन तिलकराज की पत्नी उसे नहीं भूली थी। वह सबसे पहले एक तश्तरी में मक्के की रोटी और थोड़ा-सा साग और उस पर थोड़ा-सा मक्खन रखकर हेलेन के लिए ले गई थी। बाद में भी दो-एक बीच-बीच में उठकर उसके पास कुछ-न-कुछ ले जाती रही थी।

"खाना खा चुकने पर, जब हम लोग रसोईघर में से निकलकर बैठक में आए तो हेलेन कुर्सी में बैठी-बैठी सो गई थी और तिपाई पर मक्के की रोटी ज्यों-की-त्यों अछूती रखी थी। हमारे कदमों की आहट पाकर उसने आँखें खोलीं और उसी शालीन शिष्ट मुस्कान के साथ उठ खड़ी हुई।

"विदा लेकर जब हम लोग बाहर निकले तो चारों ओर सन्नाटा छाया था। नुक्कड़ पर हमें एक ताँगा मिल गया। ताँगे में घूमे बरसों बीत चुके थे। मैंने सोचा हेलेन को भी इसकी सवारी अच्छी लगेगी। पर जब हम लोग ताँगे में बैठकर घर की ओर जाने लगे तो रास्ते में हेलेन बोली, 'कितने दिन और तुम्हारा विचार जालन्धर में रहने का है?'

" 'क्यों? अभी से ऊब गईं क्या? आज तुम्हें बहुत परेशान किया ना, आई एम सारी।'

"हेलेन चुप रही, न हूँ, न हाँ।

" 'हम पंजाबी लोग सरसों के साग के लिए पागल हुए रहते हैं। आज मिला तो मैंने सोचा जी भरकर खाओ। तुम्हें कैसा लगा?'

" 'सुनो, मैं सोचती हूँ मैं यहाँ से लौट जाऊँ, तुम्हारा जब मन आए, चले आना।'

"यह क्या कह रही हो हेलेन, क्या तुम्हें मेरे लोग पसन्द नहीं हैं?'

"भारत में आने पर मुझे मन-ही-मन कई बार यह खयाल आया था कि अगर हेलेन और बच्ची साथ में नहीं आतीं तो मैं खुलकर घूम-फिर सकता था। छुट्टी मना सकता था पर मैं स्वयं ही बड़े आग्रह से उसे अपने साथ लाया था। मैं चाहता था कि हेलेन मेरा देश देखे, मेरे लोगों से मिले, हमारी नन्ही बच्ची के संस्कारों में भारत के संस्कार भी जुड़ें और यदि हो सके तो मैं भारत में ही छोटी-मोटी नौकरी कर लूँ।

"हेलेन की शिष्ट, सन्तुलित आवाज में मुझे रुखाई का भास हुआ। मैंने दुलार से उसे आलिंगन ने भरने की कोशिश की। उसने धीरे-से मेरी बाँह को परे हटा

दिया। मुझे दूसरी बार उसके इर्द-गिर्द अपनी बाँह डाल देनी चाहिए थी, लेकिन मैं स्वयं तुनक उठा।

"'तुम तो बड़ी डींग मारा करती हो कि तुम्हें कुछ भी बुरा नहीं लगता और अभी एक घंटे में ही कलई खुल गई।'

"ताँगे में हिचकोले आ रहे थे। पुराना फटीचर-सा ताँगा था, जिसके सब चूल ढीले थे। हेलेन को ताँगे के हिचकोले परेशान कर रहे थे। ऊबड़-खाबड़ गड्ढों से भरी सड़क पर हेलेन बार-बार सँभलकर बैठने की कोशिश कर रही थी।

"'मैं सोचती हूँ, मैं बच्ची को लेकर लौट जाऊँगी। मेरे यहाँ रहते तुम लोगों से खुलकर नहीं मिल सकते।' उसकी आवाज में औपचारिकता का वैसा ही पुट था जैसा सरसों के साग की तारीफ करते समय रहा होगा, झूठी तारीफ और यहाँ झूठी सद्भावना।

"'तुम खुद सारा वक्त गुमसुम बैठी रही हो। मैं इतने चाव से तुम्हें अपना देश दिखाने लाया हूँ।'

"'तुम अपने दिल की भूख मिटाने आए हो, मुझे अपना देश दिखाने नहीं लाए,' उसने स्थिर, समतल, ठंडी आवाज में कहा, 'और अब मैंने तुम्हारा देश देख लिया है।'

"मुझे चाबुक-सी लगी।

"'इतना बुरा क्या है मेरे देश में जो तुम इतनी नफरत से उसके बारे में बोल रही हो? हमारा देश गरीब है तो क्या, है तो हमारा अपना।'

"'मैंने तुम्हारे देश के बारे में कुछ नहीं कहा।'

"'तुम्हारी चुप्पी ही बहुत कुछ कह देती है। जितनी ज्यादा चुप रहती हो, उतना ही ज्यादा विष घोलती हो।'

"वह चुप हो गई। अन्दर-ही-अन्दर मेरी हीनभाव, जिससे उन दिना हम सब हिन्दुस्तानी ग्रस्त हुआ करते थे, छटपटाने लगा था। आक्रोश और तिलमिलाहट के उन क्षणों में भी मुझे अन्दर-ही-अन्दर कोई रोकने की कोशिश कर रहा था। अब बात और आगे नहीं बढ़ाओ, बाद मैं तुम्हें अफसोस होगा, लेकिन मैं बेकाबू हुआ जा रहा था। अँधेरे में मैं यह नहीं देख पाया कि हेलेन की आँखें भर आई हैं और वह उन्हें बार-बार पोंछ रही है। ताँगा हिचकोले खाता बढ़ा जा रहा था। और साथ-साथ मेरी बौखलाहट भी बढ़ रही थी। आखिर ताँगा हमारे घर के सामने जा खड़ा हुआ। हमारे घर की बत्ती जलती छोड़कर घर के लोग अपने-अपने कमरों में आराम से सो रहे थे। कमरे में पहुँचकर हेलेन ने फिर एक बार कहा, 'तुम्हें किसी हिन्दुस्तानी लड़की से शादी करनी चाहिए थी। उसके साथ तुम खुश रहते। मेरे साथ तुम बँधे-बँधे महसूस करते हो।'

''उसने वैसी समतल भावनाशून्य आवाज में शब्द कहे जैसे अन्य बातों के बारे में टिप्पणी किया करती थी।

''हेलेन ने आँख उठाकर मेरी ओर देखा। उसकी नीली आँखें मुझे काँच की बनी लगीं, ठंडी, कठोर, भावनाहीन, 'तुम सीधा क्यों नहीं कहती हो कि तुम्हें एक हिन्दुस्तानी के साथ ब्याह नहीं करना चाहिए था। मुझ पर इस बात का दोष क्यों लगाती हो?'

'' 'मैंने ऐसा कुछ नहीं कहा,' वह बोली और पार्टीशन के पीछे कपड़े बदलने चली गई।

''दीवार के साथ एक ओर हमारी बच्ची पालने में सो रही थी। मेरी आवाज सुनकर वह कुनमुनाई। इस पर हेलेन झट से पार्टीशन के पीछे से लौट आई और बच्ची को थपथापकर सुलाने लगी। बच्ची फिर से गहरी नींद सो गई और हेलेन पार्टीशन की ओर बढ़ गई। तभी मैंने पार्टीशन की ओर जाकर गुस्से से कहा, 'जब से भारत आए हैं, आज पहले दिन कुछ दोस्तों से मिलने का मौका मिला है, तुम्हें वह भी बुरा लगा है। लानत है ऐसी शादी पर!'

''मैं जानता था, पार्टीशन के पीछे से कोई उत्तर नहीं आएगा। बच्ची सो रही हो तो हेलेन कमरे में चलती भी दबे पाँव थी। बोलने का तो सवाल ही नहीं उठता।

''पर वह उसी समलत आवाज में धीरे से बोली, 'तुम्हें मेरी क्या परवाह! तुम तो मजे से अपने दोस्त की बीवी के साथ फ्लर्ट कर रहे थे।'

'' 'हेलेन!' मुझे आग लग गई, 'क्या बक रही हो।'

''मुझे लगा जैसे उसने एक अत्यन्त पवित्र, अत्यन्त कोमल और सुन्दर चीज को एक झटके से तोड़ दिया हो।

'' 'तुम समझती हो मैं अपने मित्र की पत्नी के साथ फ्लर्ट कर रहा था?'

'' 'मैं क्या जानूँ तुम क्या कर रहे थे। जिस ढंग से तुम सारा वक्त उसकी ओर देख रहे थे...'

''दूसरे क्षण मैं लपटकर पार्टीशन के पीछे जा पहुँचा और हेलेन के मुँह पर सीधा थप्पड़ दे मारा।

''उसने दोनों हाथों से अपना मुँह ढाँप लिया। एक बार उसकी आँखें टेढ़ी होकर मेरी ओर उठीं। पर वह चिल्लाई नहीं। थप्पड़ पड़ने पर उसका सिर पार्टीशन से टकराया था, जिससे उसकी कनपटी पर चोट आई थी।

'' 'मार लो, अपने देश में लाकर तुम मेरे साथ ऐसा व्यवहार करोगे, मैं नहीं जानती थी।'

''उसके मुँह से यह वाक्य निकलने की देर थी कि मेरी टाँगें लरज गईं और सारा शरीर जैसे ठंडा पड़ गया। हेलेन ने चेहरे पर से हाथ हटा लिये थे। उसके गाल

पर थप्पड़ का गहरा निशान पड़ गया था। पार्टीशन के पीछे वह केवल शमीज पहने सिर झुकाए खड़ी थी, क्योंकि उसने फ्रॉक उतार दिया था। उसके सुनहरे बाल छितराकर उसके माथे पर फैले हुए थे।

"यह मैं क्या कर बैठा था? यह मुझे क्या हो गया था? मैं आँखें फाड़े उसकी ओर देखे जा रहा था और मेरा शरीर निरुद्ध हुआ जा रहा था। मेरे मुँह से फटी-फटी-सी एक हुंकार निकली, मानो दिल का सारा क्षोभ और दर्द अनुकूल शब्द न पाकर मात्र क्रन्दन में ही छटपटाकर व्यक्त हो पाया हो। मैं पार्टीशन के पीछे से निकलकर बाहर आँगन में चला गया। यह मुझसे क्या हो गया है? यही एक वाक्य मेरे मन में बार-बार चक्कर काट रहा था।

"इस घटना के तीन दिन बाद हमने भारत छोड़ दिया। मैंने मन-ही-मन निश्चय कर लिया कि अब लौटकर नहीं जाऊँगा। उस दिन जो जालन्धर छोड़ा तो फिर लौटकर नहीं गया..."

सीढ़ियों पर कदमों की आवाज आई। उसी वक्त रसोईघर की ओर से हेलेन भी एप्रन पहने चली आई। सीढ़ियों की ओर से हँसने-चहकने और तेज-तेज सीढ़ियाँ चढ़ने की आवाज आई। जोर से दरवाजा खुला और हँसती-हाँफती दो युवतियाँ—लाल साहिब की बेटियाँ—अन्दर दाखिल हुईं। बड़ी बेटी ऊँची-लम्बी थी, उसके बाल काले थे और आँखें किरमिची रंग की। छोटी के हाथ में किताबें थीं, उसका रंग कुछ-कुछ साँवला था, और आँखों में नीली-नीली झाँइयाँ थीं। दोनों ने बारी-बारी से माँ और बाप के गाल चूमे। फिर झट से चाय की तिपाई पर से केक के टुकड़े उठा-उठाकर हड़पने लगीं। उनकी माँ भी कुर्सी पर बैठ गई और दोनों बेटियाँ अपने माँ-बाप को दिन-भर की छोटी-मोटी घटनाएँ अपनी भाषा में सुनाने लगीं। सारा घर उनकी चहकती आवाजों से गूँजने लगा। मैंने लाल की ओर देखा। उसकी आँखों में भावुकता के स्थान पर स्नेह उतर आया था।

"यह सज्जन भारत से आए हैं। यह भी जालन्धर के रहनेवाले हैं।"

बड़ी बेटी ने मुस्कराकर मेरा अभिवादन किया। फिर चहककर बोली, "जालन्धर तो अब बहुत-कुछ बदल गया होगा। जब मैं वहाँ गई थी, तब तो वह बड़ा पुराना-पुराना-सा शहर था। क्यों माँ?" और खिलखिलाकर हँसने लगी।

लाल का अतीत भले ही कैसा रहा हो, उसका वर्तमान बड़ा समृद्ध और सुन्दर था।

वह मुझे मेरे होटल तक छोड़ने आया। खाड़ी के किनारे ढलती शाम के सायों में देर तक हम दोनों टहलते, बतियाते रहे। वह मुझे अपने नगर के बारे में बताता

रहा, अपने व्यवसाय के बारे में, इस नगर में अपनी उपलब्धियों के बारे में। वह बड़ा समझदार और प्रतिभासम्पन्न व्यक्ति निकला। आते-जाते अनेक लोगों के साथ उनकी दुआ-सलाम हुई। मुझे लगा, शहर में उसकी इज्जत है। और मैं फिर उसी उधेड़बुन में खो गया कि इस आदमी का वास्ताविक रूप कौन-सा है? जब वह यादों में खोया अपने देश के लिए छटपटाता है, या एक लब्धप्रतिष्ठ और सफल इंजीनियर जो कहाँ से आया और कहाँ आकर बस गया और अपनी मेहनत से अनेक उपलब्धियाँ हासिल कीं?

विदा होते समय उसने मुझे फिर बाँहों में भींच लिया और देर तक भींचे रहा, और मैंने महसूस किया कि भावना का ज्वार उसके अन्दर फिर से उठने लगा है, और उसका शरीर फिर से पुलकने लगा है।

''यह मत समझना कि मुझे कोई शिकायत है। जिन्दगी मुझ पर बड़ी मेहरबान रही है। मुझे कोई शिकायत नहीं है, अगर शिकायत है तो अपने आपसे...'' फिर थोड़ी देर चुप रहने के बाद वह हँसकर बोला, ''हाँ, एक बात की चाह मन में अभी तक मरी नहीं है, इस बुढ़ापे में भी नहीं मरी है कि सड़क पर चलते हुए कभी अचानक कहीं से आवाज आए 'ओ हरामजादे!' और मैं लपककर उस आदमी को छाती से लगा लूँ,'' कहते हुए उसकी आवाज फिर से लड़खड़ा गई।

अर्द्धांगिनी

शैलेश मटियानी

टिकटघर से आखिरी बस के जा चुकने की सूचना दो बार दी जा चुकने के बावजूद नैनसिंह के पाँव अपनी ही जगह जमे रह गए। सामान आँखों की पहुँच में, सामने अहाते की दीवार पर रखा हुआ था। नजर पड़ते ही, सामान भी जैसे यही पूछता मालूम देता था, कितनी देर है चल पड़ने में? नैनसिंह की उतावली और खीझ को दीवार पर रखा पड़ा सामान भी जैसे ठीक नैनसिंह की ही तरह अनुभव कर रहा था। उसमें एक हल्का-सा कम्पन हुए होने का भ्रम बार-बार होता था, जबकि लोहे के ट्रंक, वी.आई.पी. बैग और बिस्तर-झोले में कुछ भी ऐसा न था कि हवा से प्रभावित होता।

सारा बंटाधार ट्रेन ने किया था, नहीं तो दीया जलने के वक्त तक गाँव के ग्वैठे में पाँव होते। ट्रेन में ही अनुमान लगा लिया था कि हो सकता है, गोधूलि में घर लौटती गाय-बकरियों के साथ-साथ ही खेत-जंगल से वापस होते घर के लोग भी दूर से ही देखते कि ये अपने नैनसिंह सूबेदार जैसे कौन चले आ रहे हैं? खासतौर पर भिमुआ की माँ तो सिर्फ धुँधली-सी आभा मात्र से पकड़ लेती कि कहीं रमुवा के बाबू तो नहीं? 'सरप्राइज विजिट' मारने के चक्कर में ठीक-ठाक तारीख भले ही नहीं लिखी, मगर महीना तो यही दिसम्बर का लिख दिया था? तारीख न लिखने का मतलब तो हुआ कि वह कृष्णपक्ष, शुक्लपक्ष-सब देखे।

कैसी माया है कि छुट्टियों पर जाने की कल्पना करने के समय से ही चित्त के भटकने का एक सिलसिला-सा प्रारम्भ हो जाता है। कैंट की दिनचर्या जैसे एक बवाल टालने की वस्तु हो जाती है। स्मृति में, मुँह सामने के वर्तमान की जगह, पिछली छुट्टियों में का व्यतीत छा

जाता है। पहाड़ की घाटियों में कोहरे के छा जाने की तरह, जो खुद तो धुन्ध के सिवा कुछ नहीं, मगर जंगलों और पहाड़ों तक को अन्तर्धान कर देता है। आखिर यही मोहग्रस्तता घर के आँगन में पहुँचने-पहुँचने तक, कहीं भीतर-भीतर उड़ते पक्षियों की तरह साथ-साथ चलती है।

दिखाई कुछ भी सिर्फ सपनों में पड़ता है, लेकिन आवाज तो जैसे हर वक्त व्याप्त रहती है। क्या गजब कि टनकपुर के समीप पहुँचते-पहुँचते आँख लग गई थी, जबकि आँख खुलने के बाद, फिर रात से पहले सोने की आदत नहीं। जाने कौन साथ में यात्रा करती महिला कहीं बाथरूम की तरफ को निकली होगी, बिलकुल भिभुवा की माँ के पाँवों की सी आवाज हुई थी। छुट्टियों में घर पर रहते हैं, तब ध्यान नहीं जाता। लौट आते हैं, तब याद आता है कि भैंसियाछाने में इन्तजार करते, सिगरेट पीते, कोई फिल्मी गाना गा रहे होते। आसमान में या चन्द्रमा होता था या सिर्फ तारे। रात के सन्नाटे में एक तरफ सौंलगाड़ का बहना कानों तक आ रहा था– दूसरी तरफ, घर का काम निबटाकर आ रही सूबेदारनी के झाँवरों की आवाज!

आवाज ही क्यों, धीरे-धीरे आकृति भी उपस्थित होने लगती है। धीरे-धीरे तो बाबू-बच्चों–सभी की, मगर मुख्य रूप से उसी की, जो कि दो-तीन वर्षों के अन्तराल में छुट्टियों की तैयारी शुरू होते ही प्रकृति की तरह प्रकट होती जाती है जिसके साथ पिछली छुट्टियों में बिताया गया समय कबूतरों की तरह कन्धों पर बैठता, पंख फड़फड़ाता अनुभव होता है। मन में होता है कि यह ट्रेन ससुरी, तो बार-बार ऐसे अड़ियल घोड़ी की तरह रुक जाती है–यह क्या ले चलेगी, हम इसे उड़ा ले चलें। रेलगाड़ी-बस से यात्रा करते भी सारा रास्ता पैदल ही नाप रहे होने की-सी भ्रान्ति घेरे रहती है। गाड़ी रुकते ही, देर तक गाड़ी के डिब्बे में पड़े रहने की जगह, आगे पैदल चल पड़ने को मन होता है। एक गाड़ी से नीचे, तो अगला कदम सीधे घर के आँगन में रखने का मन होता है। घर पहुँच चुकने के बाद तो उतना ध्यान नहीं रहता, लेकिन पहले यही कि सुबह के उजाले में क्या आलम रहता है और शाम के धुँधलके या रात के अँधेरे में क्या उस स्थान का, जहाँ कि सूबेदारनी हुआ करती है। स्मृति के संसार में विचरण करते में जैसे और ज्यादा रूप पकड़ती जाती है। स्वभाव भी क्या पाया है। अकेले ही सारी सृष्टि चलाती जान पड़ती है। सृष्टि है भी कितनी, जितनी हमसे जुड़ी रहे।

पींग-पींग की लम्बी आवाज सुनाई पड़ी, तो भ्रम हुआ कि कहीं कोई स्पेशल बस तो नहीं लग रही पिथौरागढ़ को, लेकिन यह तो ट्रक था। निराश हो, नैनसिंह ने मुँह फेरा ही था कि फिर पींग-पींग हुई। घूमकर देखा, तो वही ट्रक था। जैसे ही रुख

बदला, फिर वही पींग-पींग!—अब ध्यान आया कि ठीक ड्राइवर वाली सीट की बगल में बाहर निकला कोई हाथ, 'इधर आओ, इधर आओ' पुकार रहा है।

नैनसिंह ने नहीं पहचाना। बनखरी वाली दीदी का हवाला दिया, तो नाता जुड़ा कि अच्छा, क्या नाम कि जसौंती प्रधान का मँझला खीमा है। हाँ, सुना तो था कि इन लोगों की गाड़ियाँ चलती हैं। खीमसिंह का बोलना, देवताओं के आकाशवाणी करने-सा प्रतीत होता गया और साथ चलने का 'सिग्नल' पाते ही, नैनसिंह सूबेदार सामान ट्रक में रखवाने की युद्धस्तर की तत्परता में हो गए जैसे कि यह ट्रक ही एकमात्र और आखिरी साधन रह गया हो गाँव पहुँचने का। अच्छा होता, अम्बाला से ही एक चिट्ठी बनखरी वाली दीदी को भी लिख दी होती कि फलाँ तारीख के आस-पास घर पहुँचने की उम्मीद है। घर वालों ने जागर भी बोल रखा है और हाट की कालिका में पूजा भी देनी हुई। तुम भी एक-दो दिनों को जरूर चली आना। बहनोई तो पाकिस्तान के साथ की दूसरी लड़ाई के दिनों में मारे गए, पेंशनयाफ्ता औरत है। भाई-बहन के साथ-साथ, कुछ एक ही कर्मक्षेत्र का रिश्ता भी बनता है। पिथौरागढ़ के ज्यादातर गाँवों की विधवाओं में तो फौज में भर्ती हुए लोगों की ही होंगी, नहीं तो पहाड़ के स्वच्छ हवा-पानी में बड़ी लम्बी उम्र तक जीते हैं लोग।

ट्रक के स्टार्ट होते ही नैनसिंह को जैसे पंख लग गए हों। ट्रक का रूप कुछ ऐसा हो गया था, जैसे कि नैनसिंह सूबेदार बैठे हैं, तो वह भी चला चल रहा है पिथौरागढ़ को, नहीं तो कहाँ इस साँझ के वक्त टनकपुर से चम्पावत तक की चढ़ाई चढ़ता फिरता।

खीमसिंह ने पहले ही बता दिया था कि रात तो आज चम्पावत में ही पड़ाव करना होगा, लेकिन सुबह दस तक पिथौरागढ़ सामने। यहाँ, टनकपुर में ही ठहर जाने का मतलब होता, कल सन्ध्या तक पहुँचना। हालाँकि घर तो जो आनन्द ठीक गोधूलि की वेला में पहुँचने का है, दोपहर को कहाँ। शाम का धुँधलका आपको तो अपने में आवृत रखता हुआ सा पहुँचाता है, लेकिन जहाँ घर पहुँचना हुआ कि उसे कौन याद रखता है।

देखिए तो काल भी अजब वस्तु है। सब जगह—और सब समय—काल भी एक-सा नहीं। संझा का समय जो मतलब पहाड़ में रखता है, खासतौर पर किसी गाँव में, वह मैदानी शहरों में कहाँ? पिछले वर्ष ठीक सन्ध्या झूलते में पहुँचना हुआ और संयोग से घर के सारे लोगों से पहले रुक्मा सूबेदारनी उर्फ भिमुवा की अम्मा ही सामने पड़ गईं, तो क्या हुआ सूबेदारनी का हाल और क्या खुद सूबेदार साहब का? क्या गजब कि पन्द्रह साल पहले, चैत के महीने में शादी हुई थी और बन की हिरनी का सा चौंकना अभी तक नहीं गया।

भीड़भाड़ वाला क्षेत्र पार करते-करते, खीमसिंह के साथ आशल-कुशल और नाना दीगर संवाद करते तथा कैप्सटन सिगरेट की फूँक उड़ाते भी, नैनसिंह सूबेदार व्यतीत के धुँधलकों में डूबते ही चले गए। खीमसिंह ट्रक के साथ-साथ, खुद को भी ड्राइव करता जान पड़ता था। उसकी सारी इन्द्रियाँ जैसे पूरी तरह ट्रक के हवाले हो गई थीं। और देखिए तो यह टनकपुर से पिथौरागढ़ की तरफ को जाते या उस तरफ से आते हुए रास्ते पर गाड़ी चलाना भी किसी करिश्मे से कहाँ कम है। पलक झपकते में ऐसे-ऐसे मोड़ हैं कि ड्राइवर का ध्यान चूकते ही बसेरा नीचे घाटी में ही मिलना है।

ट्रक रफ्तार से ज्यादा शोर उत्पन्न कर रहा था। आखिर दो-तीन किलोमीटर पार करते-करते में ही, पहले ट्रेन में रात-भर ठीक न सो पाने की भूमिका बाँधी और फिर आँखें बन्द कर लीं, नैना सूबेदार ने, मगर नींद कहाँ। आँख बन्द रखते में सड़क ट्रक के साथ ही मुड़ती जान पड़ती थी, ट्रक सड़क के साथ जाता हुआ। नीचे अब अतल लगती-सी मीलों गहरी घाटियाँ हैं और खीमसिंह का या खुद ट्रक का ध्यान जरा-सा भी चूका नहीं कि...

सूबेदार नैनसिंह ने हड़बड़ाकर आँखों को खोल दिया, तो सामने का एक-एक परिदृश्य 'आँखें क्यों बन्द कर ले रहे हो' पूछता-सा दिखाई पड़ा। सचमुच में नींद हो, तो बात और है, नहीं तो टनकपुर-पिथौरागढ़ की अधर में टाँगती-सी सड़क पर कहाँ इतनी निश्चिन्तता कि आँखें बन्द किए, रुक्मा सूबेदारनी की एक-एक छवि को याद करते रहो। पिछली छुट्टियों में रामी, यानी रमुवा सिर्फ डेढ़ साल का था और साला उल्लू का बच्चा बिलकुल बन्दर के डीगरे की तरह माँ की छाती से चिपका रहता था। इस बार की छुट्टियों के लिए तो सूबेदार ने तब एक ही कोशिश रखी कि दो लड़के 'मोर दैन सफिशिएंट' माने जाने चाहिए, जरूरत अब सिर्फ एक कन्याराशि की है। कुछ कहिए, साहब, जो आनन्द कन्या के लालन-पालन में है, जैसे वह आईने की तरह आपको अपने में झलकाती-सी बोलती-बतियाती है—वह बात ससुरे लड़कों में कहाँ। इसलिए पिछली बार प्राण-पण से लड़की की कोशिश थी और उसी कोशिश में थी यह प्रार्थना कि—'हे मइया, हाट की कालिका! आगे क्या कहूँ, तू खुद अन्तर्यामिनी है।'

चलते-चलाते ही, यह भी याद आ गया नैनसिंह सूबेदार को कि अबकी बार घर से इस प्रकार की कोई खबर चिट्ठी में नहीं आई। लगता है, मइया पूजा पाने के बाद ही प्रसाद देगी। वह भी तो आदमी के सहारे है। जैसी जिसकी मानता हो, वैसी समरूप वो भी ठहरी।

निराशा के सागर में आशा के जहाज की तरह ट्रक लेकर उदित होनेवाले खीमसिंह के प्रति अहसान की भावना स्वाभाविक ही नहीं, जरूरी भी थी, क्योंकि मिलिटरी की नौकरी से घर लौटते आदमी की छवि ही कुछ और होती है, लोगों में। फिर खीमसिंह से तो दीदी के निमित्त से भी रिश्ता हुआ। लगभग हर दस-पन्द्रह किलोमीटर के फासले पर ट्रक को विश्राम देते हुए, खीमसिंह को चाय-पानी, गुटुक-सायते को पूछना खुद की जिम्मेदारी ही लगती रही सूबेदार को। बीच-बीच में सीटी बजाने और गाने की कोशिश भी इसी सावधानी में रही कि खीमसिंह को पता चले, ये सब तो बहुत मामूली बातें हैं। बस का किराया बच भी गया है, तो घर में बच्चों के हाथ में रखने को तो कुछ रुपए जबर्दस्ती भी देने ही होंगे। टिकट के पैसों से दूने ही बैठेंगे, क्योंकि अभी तो चम्पावत में पड़ाव होना है और वहाँ रात का डिनर भी तो सूबेदार के ही जिम्मे पड़ेगा। मगर खुशी इस बात की है कि टनकपुर अगरचे कहीं होटल में रहना पड़ गया होता, तो जेब जो कटती, सो कटती, यह आधा पहाड़ कहाँ पार हुआ होता। अब तो जहाँ आती-जाती, खेतों में काम करती औरतें दिख जा रही हैं, सभी में रुक्मा सूबेदारनी की छाया गोचर होती है।

अभी-अभी भूमियाधार की चढ़ाई पार करते में, वो ऊपर के धुरफाट में न्यौली गाती कुछ औरतें अपने को ही हृदय का हाल सुनाती जान पड़ रही थीं। जैसे कहती हों कि पलटन से लौट रहे हो, हमारे लिए क्या लाए हो। मन तो हुआ कि कुछ देर को ट्रक रुकवाकर, या तो उन औरतों के पास तक खुद चल दिया जाए और या उन्हें ही संकेत किया जाए कि यहाँ तक आकर न्यौली 'टेप' करा जाएँ। फिलिप्स का ट्रांजिस्टर-कम-टेपरिकॉर्डर, यानी 'टू-इन-वन' इसी मकसद से तो लाए हैं। लेकिन सर्वप्रथम याबू से कुछ जागर गवाना है। तब खुद सूबेदारनी की न्यौली 'टेप' करनी है। माँ तो परमधाम में हुई। कुछ ही साल पहले तक दोनों सास-बहू मिलके न्यौली गाती थीं और ज्यादा रंग में हुईं, तो एक-दूसरे को कोली भर लेती थीं।

स्त्री तत्त्व भी क्या चीज हुआ! सारे ब्रह्मांड में व्याप्त ठहरा। कोई ओर-छोर थोड़े हुआ इनकी ममता का। अपरम्पार रचना हुई। नाना रूप, नाना खेल। देखिए तो क्या कर सकता है, हजार बन्दिशों का मारा बन्दा। इच्छा कर लेता है, सब्र कर लेता है। सूबेदारनी से मिलती-जुलती, और खुद के हृदय का हाल सुनाती-सी औरतों का ओझल होना देखते चल रहे हैं नैनसिंह सूबेदार भी। सवारी का साधन भी एक निमित्त-मात्र हुआ, चलनेवाला तो हर हाल में आदमी ही ठहरा। आदमी चलता रहे, तो गाड़ी-मोटर, सड़क, खेत-खलिहान, पेड़-जंगल और पशु-पक्षी भी साथ चलते रहें। आदमी रुका, तहाँ सभी रुक गए। आदमी को दिखते तक में अपरम्पार सृष्टि का सभी कुछ प्राणवान और विद्यमान हुआ। आदमी से ओझल होते ही, सब कुछ शून्य हो जाने वाला ठहरा।

क्या है कि ध्यान धरता है आदमी। ध्यान करता है आदमी। ध्यान से ही सूबेदारनी भी ठहरीं। औरतें सब लगभग समान हुईं और लगभग सभी माता-बहन-बेटी इत्यादि, लेकिन किसी की कोई बात ध्यान में रह गई, किसी की कोई। माँ का स्वयं के परमधाम सिधारते समय का, 'नैनुवा रे' कहते हुए पूरी आकृति पर हाथ फिराना ध्यान में रह गया है, तो रुक्मा सूबेदारनी का देखते ही हिरनी का-सा चौंकना। फोटू कैमरामैन हो जानेवाली ठहरी यह औरत और आपके एक-एक नैन-नक्श को पकड़ती, प्रकट करती ऐसा ध्यान खींच ले कि पन्द्रह सालों की गृहस्थी में भी आँखों की आब ज्यों-की-त्यों हुई। और बाकी तो शरीर में जो है सो है, मगर आँखें क्या चीज हुईं कि प्राणतत्त्व तो यहीं झलमल करता हुआ ठहरा। फिर कमला सूबेदारनी का तो हाल क्या हुआ कि खीमसिंह 'स्टीयरिंग व्हील' को हाथों से घुमा रहा है, तैसे आपको सूबेदारनी सिर्फ आँखों से घुमा सकनेवाली ठहरीं। यह बात दूसरी हुई कि अनेक मामलों में वो 'रिजर्व फॉरिस्ट' ही ठहरीं।

नैनसिंह सूबेदार का अनायास और अचानक का ही हँस पड़ना, जैसे जंगल की वनस्पतियों और पक्षियों तक में व्याप्त हो गया। खीमसिंह का ध्यान भी चला गया इस अचानक के हँस पड़ने पर, तो उसने भी यही कहा कि "फौज का आदमी तो, बस, इन्हीं चार दिनों की छुट्टियों में जी भर हँस-बोल और मौज-मजा कर लेता है, दाज्यू! कुछ जानदार वस्तु तो आप जरूर साथ लाए होंगे? यहाँ तो पहाड़ में ससुरी आजकल डाबर की गऊमाता का दूध-मूत चल रहा है। मृतसंजीवनी सुरा! थ्री एक्स रम, ब्लैकनाइट, पीटरइस्कौट व्हिस्की और ईगल ब्रांडी जैसी वस्तुएँ तो औकात से बिलकुल बाहर पहुँचा दी हैं सरकार ने।"

चम्पावत आते ही, खीमसिंह ने ट्रक को पहचान के ढाबे के किनारे खड़ा कर दिया। कुछ ऐसे ही मनोभाव में, जैसे गाय-भैंस थान पर बाँध रहा हो। उँगलियों की कैंची फँसाकर, लम्बी जम्हाई लेते हुए, "जै हो कालिका मइया की, आधा सफर तो सकुशल कट गया," कहा उसने और दृष्टि सूबेदार की तरफ स्थिर कर दी।

अर्थ तो रास्ता चलते ही समझ लिया था, और मन भी बना लिया कि जाता ही देखो, तो दिल दरिया बना लो। हँसते हुए ही इंगित कर दिया कि मामला ठीक-ठाक है। खीमसिंह का तो रोज का बासा हुआ। जितनी देर में खीमसिंह ढाबे की तरफ निकला, सूबेदार ने अपनी वी.आई.पी. अटैची खोलकर, उसमें हैंडलूम की कोरी धोती में लपेटी हुई कोटे की 'थ्री-एक्स' बोतलों में से एक बाहर निकाली। कुछ

द्विधा में जरूर हुए कि कोई खाली अद्धा पड़ा होता, तो 'फिफ्टी-फिफ्टी' कर लेते। ड्राइवरों-क्लीनरों की नज़रों से तो बाकी छुड़ाना कठिन हो जाता है। जब तक किसी तरह की व्यवस्था करते, खीमसिंह न सिर्फ कटी प्याज, बल्कि कलेजी-गुर्दा-दिल-फेफड़े के साथ ही आलू भी मिलाए हुए भुटुवे की, भाप उठती प्लेट लेकर उपस्थित! कहो कि पानी का जग लाना रह गया, तो इतने में आधी बोतल थर्मस में कर लेने का अवसर मिल गया। चलो, अब कहने को हो गया कि कुछ रास्ते में ले चुके, बोतल में बाकी जो बच रही, सो ही आज की रात के नाम है।

गनीमत कि क्लीनर हरीराम कुछ ही दूरी पर के अपने गाँव चला गया और खीमसिंह ने भी मरभुक्खापन नहीं दिखाया। सच कहिए, तो आदमी के बारे में अपने हिसाब या अपनी तरफ से आखिरी बात भूलकर तय न करे कोई। बहुत रंगारंग प्राणी हुआ करता है। इसकी आँखों में पढ़ रहे हैं आप कुछ और ही, मगर दिल में उसके जाने क्या है! एक-एक पैसे को साँसों की तरह इकट्ठा करके चलना होता है। छुट्टियों पर, क्योंकि बन्धन हजार हैं, ऐसे में पैसा शरीर में से बोटी की तरह निकलता जान पड़ता है, क्योंकि गाँव-घर, अड़ोस-पड़ोस में ही अगर न हुआ कि नैनसिंह सूबेदार का छुट्टियों पर घर आना क्या होता है, तो नाक कहाँ रही! और अब इसे भी तो नाक रखना ही कहेंगे कि भुटुवा और पराँठे-शिकार-भात, डिनर का सारा खर्चा खीमसिंह ने अपने जिम्मे लगा लिया कि "दाज्यू, चम्पावत से अपना होमलैंड शुरू हो जाता है। आज तो आप हमारे 'गेस्ट' हो। खाने का बन्दोबस्त हमारी तरफ से, पीने का आपकी! मरना हमारा, जीना आपका। सीना हमारा, चाकू आपका! कोई चीज किसी वक्त में हो जाती है और उसे 'गॉड-गिफ्ट' मान लेना, मनुवा! आप हमको कड़क फौजी ड्रेस में बस अड्डे पर खड़े दिख गए, यह भी भगवान की मर्जी का खेल ठहरा! ठहरा कि नहीं ठहरा? अगर नहीं तो कौन जानता है, भेंट भी होती या नहीं। आप 'भरती हो जा फौज में, जिन्दगी है मौज में' गाते-बजाते, छुट्टी काटकर, चल भी देते।"

प्रेम है कि नफरत है, जहाँ शराब कुछ भीतर तक उतरी, तहाँ आदमी की असलियत बोलने लगती है कि वह दरअसल है क्या। इस वक्त कम-से-कम खीमा साथ है, तो कुछ घर का-सा वातावरण है। कहीं टनकपुर में ही अटक गए होते, तो फिर वही आधे अंग का खाना-पीना और सोना। कैम्प छोड़ा था, तब से ही लगातार यही हुआ कि सम्पूर्णता नहीं है। प्रत्येक क्षण किसी की स्मृति है और, बस, थोड़े-से फासले पर साथ-साथ चल रही है। इस मायामयी छाया को शरीर धारण करने में अभी भी बहुत समय लगना है। कल जाकर गाँव पहुँचेंगे, तब ही यह व्याकुलता थमेगी।

"जब तक सुदर्शन चक्र हाथ में है, तब तक तौबा है! इसको छोटे मुँह बड़ी बात मान लेना, दाज्यू! कौन हसबैंड ऑफ मदर झूठ बोल रहा है! खीमसिंह ड्राइवर का

नाम लेकर इन्क्यावरी कर सकता है हर शख्स, जो कि चलता है, टनकपुर-सोर की इस लाइन में, जहाँ कि जरा सा बेलाइन हुए आप, श्रीमान जी, तो समझिए कि मुरब्बा तैयार है!'' कहते हुए, खीमसिंह ने भुटुवे की प्लेट को उठाकर, उसमें लगा तेल-मसाला चाटना शुरू कर दिया, तो मध्यम कोटि के सरूर में सूबेदार का ध्यान गया सीधे इस बात पर कि रास्ते में जाने कितनी बार तो सचमुच यही झस-झस हुई थी कि कहीं ऐसा न हो...

आइडेंटिटी-कार्ड साथ में रहता है, शिनाख्त जरूर पहुँच सकती है, लेकिन आदमी की जगह, सिर्फ उसकी शिनाख्त का पहुँचना कितना खतरनाक हो सकता है, इस बात की तमीज तो ससुरे इस सृष्टि के सिरजनहार तक को नहीं रही। एक खूबी इस चीज में है। एकदम लाइन के पार नहीं निकल जाए आदमी, तो पुल पर का चलना है। नीचे आपके मन्थर गति की नदी बह रही है और आस-पास के पहाड़ ससुरे ऐसे घूर रहे हैं, जैसे कि घरवाली मायके जाती हो। कल्पना अगर किसी चिड़िया का नाम है, तो ठीक ऐसे ही मौके पर पंख खोलती है। जितनी बार खतरनाक मोड़ पड़ते थे, उतनी ही बार सूबेदारनी जंगल में हिरनी जैसी व्याकुल होती जान पड़ती थी, क्योंकि ध्यान में तो बैठी रहती है वही। और भीतर-ही-भीतर दोनों हाथ बार-बार इसी प्रार्थना में उठ जा रहे थे कि–हे मइया, हाट की कालिका!

औरत है कि देवी है–माया-मोह और भय-भीति का ही सहारा है। अटैची में चमचमाता लाल साटन डेढ़ मीटर रखा हुआ है और पौन इंची सुपरफाइन गोट और सितारे। चोला मइया का सूबेदारनी खुद अपने हाथों तैयार करेगी। जब तक मइया का ऐसा ध्यान है, तब तक रक्षा जरूर है। नहीं तो, फौज की नौकरी में कौन जानता है कि सरकार ने कब दाना-पानी छुड़ा देना है। कैवेलरी की जिन्दगानी है। जीन-लगाम ही अंगवस्त्र हैं। पिछले साल अचानक ही कैसा ब्लूस्टार ऑपरेशन हो गया और कितने वीर जवान राष्ट्र को समर्पित हो गए। अग्नि को भी समर्पण ही चाहिए, राष्ट्र की ज्योति जलती रहे।

अब नैना सूबेदार का मन हो रहा था, एक प्लेट भुटुवा और मँगा लें, फिर चाहे थर्मस तक भी नौबत क्यों न आ पहुँचे! जाने को तो यह जिन्दगी ही चली जाने के लिए ही है लेकिन कुछ वक्त ऐसे जरूर आते हैं, जो चाँदी के सिक्कों की तरह बोलते मालूम पड़ते हैं कि हम साथ रहेंगे। अब जैसे कि रुक्मा सूबेदारनी का ही ध्यान है, यह मात्र एकाध जनम तक ही साथ देनेवाली वस्तु तो नहीं है। पहले कैसे धोती के पल्ले में नाक दबा लेती थीं सूबेदारनी साहिबा, पिछली बार की छुट्टियों में निमोनिया की पकड़ में थीं, तो दो चम्मच ब्रांडी पिलाना मछली का मुँह खोलकर, पानी का घूँट डालना हो गया, बाद में खुद कहने लगीं कि खेत-जंगल के कामों से टूटता बदन कुछ ठीक हो जाता है।

चूँकि भुगतान करने का जिम्मा खीमसिंह ने लिया, इसीलिए संकोच था कि यह जोर डालना हो जाएगा, मगर अपने भीतर की भाषा खीमसिंह में फूट पड़ी, ''सूबेदार दाज्यू, भुटुवा बहुत जोरदार बना ठहरा! एक प्लेट और लाता हूँ।''

आखिर-आखिर थर्मस खँगालकर पानी लेना पड़ा, लेकिन न खीमसिंह आपे से बाहर हुआ, न सूबेदार। धीरे-धीरे जाने कहाँ-कहाँ की फसक-फराल लगाते में, रिमझिम-रिमझिम जज्ब होती चली गई। कैम्प की कैंटीन से बाहर निकलने की-सी निश्चिन्तता में, दोनों अब भोजन प्राप्त करने ढाबे की बेंच तक पहुँचे, तो देखा—ढाबे की मालकिन ही पराँठे सेंक रही है और इतना तो खीमसिंह ने पहले ही बता दिया था कि यहाँ के खाने में रस है। औरत भी क्या चीज है, साहब। जो स्वाद सिल पर पिसे मसालों का, सो पुड़िया में कहाँ है। और पराँठे साला कोई मर्द सेंक रहा हो, तो घी चाहे जितना लगा ले, मगर यह भुवनमोहिनी आवाज और हँसी कहाँ से लाएगा? इधर पराँठा बेलती है, सेंकती है और उधर मजाक भी करती जाती है कि सूबेदारनी बहुत याद आ रही होंगी? कहाँ-कहाँ तक फैला दिया इसे भी, फैलानेवाले ने, जहाँ देखो, वैसी ही आभा है। जहाँ आप जल रहे, जाने कब शक्कर हो गई। बोलती है और अचानक ही हँस देती है, तो दुकानदारी करती कहाँ दिखाई देती है। कैसे पलक झपकाते में दाँव लगा दिया कि ''आदमी तो दूर देश और बरसों का लौटा ही चीज होता है।''—प्रौढ़ावस्था को प्राप्त हुई में भी एक आँच है। वातावरण में घर की सी ऊष्मा मालूम देने लगी।

'हाँ, हाँ' कहने के सिवा और क्या कहना हुआ। तीन साल के बाद लौटने में तो अपने इलाके का इस पेड़ से उस पेड़ की तरफ कूदता-फाँदता बन्दर भी अपना-सा ही लगता है। यह तो अन्नपूर्णा की-सी मूरत सामने है। होने को तो कुछ सुरूर 'थ्री-एक्स' का भी जरूर है, मगर जब तक भीतर की धारा से संगम न हो, नशा चाहे जितना हो ले, यह दिव्यमनसता कहाँ!

चूल्हे की आँच में वह किसी वनदेवी की प्रतिमा की सी छवि में है। सोने का गुलूबन्द झिलमिला रहा है। पराँठा पाथते में हाथों की चूड़ियाँ बज रही हैं। बीच-बीच में माथे पर के बाल हटाने को बाईं कुहनी हवा में उठाती है तो रुक्मा सूबेदारनी की नकल उतारती-सी जान पड़ती है। कांक्षा हो रही है, दो के सिवा और कोई उपस्थित न हो। कोई-कोई समय जाने कैसी एक उतावली-सी भर देता है भीतर कि कहीं यह बीत न जाए।

नैनसिंह सूबेदार को एक-एक ग्रास पहले पर्वत, फिर राई होता गया। आँखों की दुनिया अलग होती गई, हाथ-मुँह-उदर की अलग। खीमसिंह को तो शायद यह

भ्रम हुआ हो कि श्री एक्स ने भूख का मुँह खोल दिया है, लेकिन सूबेदार को जान पड़ा कि यह अकेले का खाना नहीं। बस, यहीं फिर सूबेदारनी का ही सामने बैठा होना सा प्रतीत हुआ नहीं कि डकार भी आ गई। गिलास-भर पानी एक ही लय में गटकते, सूबेदार हाथ धोने नल की तरफ बढ़ गए।

कुछ क्षण होते हैं, विस्तार पकड़ते जाते हैं और कुछ विस्तार, जो धीरे-धीरे, क्षणिक होते जाते हैं। रास्ते का एक दिन कटना पर्वत, लेकिन घर पर महीने-भर की छुट्टियाँ कपूर हो जाती हैं। पक्षियों-सा उड़ता समय कान में आवाज देता रहता है, लो, आज का दिन भी बीता तुम्हारा। अब बाकी कितने हैं।

बाबू ने थोड़े आँखर जागर गा तो दिया, अपशकुन क्यों करते हो कहने और सूबेदारनी बहू की गायी न्यौली के कुछ बन्द सुन लेने पर, लेकिन आखिर तक उनका यह अफसोस गया नहीं कि जितनी रकम इस फोटू कैमरे और ट्रांजिस्टर-टेपरिकॉर्डर में लगा दिए सूबेदार ने, उतने में घर के कितने जरूरी-जरूरी काम निबट जाते। अलबत्ता जर्सी, बूटों और श्री एक्स की तीन बोतलों से उनकी आत्मा जरूर प्रसन्न हो गई कि 'यार, पुत्र, जाड़े की मार से बचाने को आ गया तू।'

चार सेलवाला टॉर्च भी उन्हें बहुत जमा और दस-पाँच दिन बीतते न बीतते तो खुद ही इस मजेदार मूड में आ गए कि–'यार, पुत्र, पैसा तो साला हाथ का मैल ठहरा! पुरुष की शोभा ठहरी जिन्दादिली और रंगीनी! ले, आज तू भी क्या याद करेगा, चार आँखर भगवती-जागरण पूरी श्रद्धा से कर देता हूँ। क्या करता हूँ कहता है तू, रिकॉर्ड ऑन करता हूँ?–तो कर फिर औन–हरी भगवान जी, प्रथम ध्यान मैं किसका धरता हूँ? तो ध्यान धरता हूँ, उस चौमुखी विरंचि विधाता का, मइया महाकाली, जिसने कि यह अपूर्व सृष्टि रची और आकाश की जगह पर आकाश, धरती की जगह धरती और पहाड़ की जगह पहाड़, नदी की जगह नदी, अग्नि की जगह अग्नि और क्या नाम, माता गौरी शंकरी खप्परधारिणी, कि पानी की जगह पानी को उत्पन्न किया। और कि फूल को पत्तों, दूध को कटोरे के आधार पर रखा। हाड़-मांस के पुतले में रखी प्राणों की संजीवनी। अहा री मइया सिंहवाहिनी–कैसी अपरम्पार हुई सृष्टि कि सारे ब्रह्मांड में एक महाशब्द व्याप्त हो गया। मनुष्य, तो मनुष्य हुआ, पाताल में का पक्षी भी 'मैं यहाँ, तू कहाँ' गाता दिखाई दिया! कहीं ऊँचा हिमालय रखा, कहीं गैला समुन्दर। कहीं धूप रखी, कहीं छाया। कहीं मोहिनी रखी, कहीं माया। विरंचि के बाने सृष्टि रची, विष्णु के रूप पोषण किया और शिव के रूप किया संहार–दूसरा स्मरण तेरा है, माता भगवती, कि तूने भी जब गौरी पार्वती से माया का रूप महाभद्रा-महाकाली रखा, तभी संहार किया महिषासुरन का और तभी स्थापना हुई तेरी भी हाट की कालिका, घाट की जोगिनी के रूप में। घर को घरिणी तू हुई, बन को हिरणी। पूत को माता हुई, पिता को कन्या कुआँरी–''

बाबू देवी जागरण गाए जा रहे थे। जाने कब गिलास में बाकी बची रम को एक ही घूँट में चढ़ाकर, खूँटी पर से हुड़का भी उतार लिया उन्होंने और 'दुङ्-तुक्कि-दुङ्-दुङ्' का लहरा लगाते, पूरी तरह लय में हो गए। उनके माथे पर की चुटिया तक रंग में आ गई। पूरी पट्टी में कौन है उनके मुकाबले में भगवती महाकाली का जागरण रचानेवाला? लेकिन नैना सूबेदार का ध्यान तो 'कन्या-कन्या' सुनते ही इस तरफ चला गया, तो फिर लौटना मुश्किल हो गया कि आज तो उन्नीसवाँ दिवस, उन्होंने तो घर पहुँचने के पहले ही दिन मजाक-मजाक में सूबेदारनी के पाँव ही पकड़ लिये थे कि, 'भगवती, कन्या ही देना!' हाँ, तरंग तो कुछ तब भी जरूर रही होगी...लेकिन दृश्य भी उत्पन्न तभी होता है, जबकि भीतर कोलाहल हो। जागर में भी तो यही बताया बाबू ने कि प्रथम तो उदित हुआ शब्द, तब कहीं जाके सूरज?

इसी बात पर तो, खीमा के साथ ट्रक में की जात्रा की तरह, फिर अचानक हँसी फूट पड़ी और बाबू ने समझा कि कुछ ज्यादा चढ़ गई होगी। एक-दो बन्द और गाकर, हुड़के की पाग को गले से उतारकर, हुड़के में ही लपेट दिया, "कल का दिन बीच में है, नैन! परसों शनिवार--तीन दिन का जागर मइया हाट की कालिका के दरबार में लगना ही है। जा, सो जा, बहू रास्ता देखती होगी। मइया के दरबार में देखना कैसा जागर लगाता हूँ। आखिरी जागर होगा यह..."

बुढ़वा जी बदमाश हैं। 'बच्चे रास्ता देखते होंगे' नहीं कहते। क्या कह रहे थे उस दिन कि जीवन की चक्की का एक पाट जाता रहा, एक रह गया। माँ को परमधाम गए ठीक-ठीक कितने साल बीते होंगे?

ज्यों-ज्यों छुट्टियाँ पूँछ रहती जाती हैं, बीता और विस्तार पाता चल रहा है। चम्पावत में रात कैसी बीती थी? भीतर-भीतर कोई यहाँ तक जोर बाँधने लगा था कि राइफिल की नोक पर सामने बिठाए रखो इस औरत को और बताओ इसे कि रोम-रोम में जो व्याकुलता जगाए चली गई हो, इसका देनदार कौन है? हवा की जगह आँधी का रूप रखती खुद गायब हुई जा रही हो, और नैनसिंह सूबेदार पेड़ की डालों से लेकर पहाड़ की चोटियों तक काँपता पड़ा रह गया है, रात के इस अनन्त लगते हुए से सन्नाटे में? रूप भी शरीर से है, इसे तुम क्या नैना सूबेदार से कुछ कम जानती होगी, भगवती? आँखों से लाचार खींचता है, बलवान तो हाथों से काम लेता है।

बस, इसी बलवान वाली बात पर सूबेदार को खीमसिंह के साथ चुपचाप उठ जाना पड़ा कि कहीं 'जम्बू बोले यह गत भई, तू क्या बोले कागा?' वाली बात न हो जाए। बद अच्छा, बदनामी बुरी।

तब का व्यतीत, अब तक साथ है।

अड्डे तक सचमुच दस बजे से भी कुछ पहले ही पहुँचा दिया था खीमसिंह ने। सुबह-सुबह चम्पावत से लोहाघाट तक कितनी गहरी और गझिन धुन्ध थी। ट्रक समेत कहीं अदृश्य लोक में प्रवेश करते होने की-सी अनुभूति होती थी और भय। सारा ध्यान इसी बात पर टँगा रहता कि क्या सचमुच इसी जनम में फिर रुक्मा सूबेदारनी होंगी और उनके साथ का तालाब में की मछली का सा इस कोने से उस कोने तक का उड़ना? घर पहुँचने के बाद, थोड़ा एकान्त पाते ही सूबेदारनी एकाएक दोनों पाँव जकड़ लेंगी और सोते-से फूट पड़ेंगे धरती में। जन्म-जन्मान्तरों की सी व्याकुलता में, उनकी पीठ तक हिलती होगी। तब, दोनों हाथ काँखों में डाले, ऊपर उठाएँगे सूबेदार और सान्त्वना देते में, एकाकार हो जाएँगे। तब ट्रक की यात्रा में ही जाने कितनी बार हुआ कि परमात्मा तो अन्तर्यामी है, उससे क्या छिपा है, मगर बगल में ड्राइवर की सीट पर बैठा खीमसिंह भी न देख रहा हो। जब कोई जागता है हर क्षण आदमी की स्मृतियों में, पशु-पक्षी भी भीतर तक झाँकते गोचर होते हैं।

सूबेदारनी साहिबा से क्या कहा था उस पहली रात ही कि "एक आँख से हम देख रहे हैं, एक से तुम। वह भगवती पराँठा सेंकती जाती है और मँजीरा-सा बजाती है कि 'एक पराँठा तो और लो, सूबेदार साहब!' और हमें आप ही सेंकती-खिलाती नजर आती हो। ये तो आपने अब बताया कि कल रात का व्रत रखा था। देखिए कि हम बिना खबर हुए ही दो जनों का भोजन कर गए।"

क्या रखा है साले किसी आदमी की जिन्दगी में, अगर कहीं पाँवों से लेकर, सिर से ऊपर तक का, गहरे तालाब जैसा प्रेम नहीं रखा है। कहाँ तो एक मूकता का-सा आलम था प्रारम्भ में। फिर शब्द फूटा एकाएक, तो सचमुच एक सृष्टि होती चली गई। जीभ में लपेटा तागे का गुच्छा हट गया और वाणी झरना होती गई। जाने कब, कहाँ रात बीती। सूबेदारनी साहिबा ने नहीं टोका एक बार भी, सिर्फ इतना कहती, उठ खड़ी हुईं कि विहानतारा निकल आया है। सूबेदार को भी यही हुआ कि माता भगवती, तू नहीं, तो और कौन है। कौन जागता है, दिन-रात हमारे लिए। कौन देता है इतना ध्यान। किसे पड़ी है हमारी इतनी चिन्ता।

वह गाँव पहुँचने की पहली ही रात थी। किन्तु डोंगरे बालामृत वाले कलेंडर में माँ हाट की कालिका के पाँवों के नीचे आ पड़े शिवशंकर की सी जो दशा अनुभव हुई थी, वह अब तक साथ है। फर्क इतना कि शंकर अनजाने आ गए, पाँवों के नीचे, नैना सूबेदार अन्तःप्रेरणा से। सूबेदारनी 'विहानतारा निकल आया' कहती खड़ी हुई ही थीं कि बिस्तर से पाँव बाहर रखते तक में, नैना सूबेदार ने उन पर अपना मत्था टेक दिया था। मुँह से कुछ नहीं बोले, मगर सूबेदारनी ने सब सुन लिया।

छुट्टियों के लिए अर्जी लगाने के दिन से लेकर, यहाँ पहुँचने के दिन तक की सारी व्याकुलता पर कैसे अपने ही रक्त में से बार-बार अवतरित होती, रोम-रोम में छा जाती रहीं सूबेदारनी। बाजार निकलते, तो कैसे साक्षात् उपस्थित होती सी खुद ही ध्यान दिलाती रहतीं पग-पग पर कि उनके लिए क्या-क्या वस्तुएँ लेनी हैं, और क्या बच्चों और बाबू के लिए इनका जाने कब, कहाँ से अचानक छाया की तरह का प्रकट होना और सारा ध्यान अपनी ओर खींच लेना, बस, गाँव पहुँचकर ही थमा है। पाँव छूते ही मिट्टी के घड़े की तरह का फूट पड़ना और सारा जल सूबेदार पर उँड़ेल देना किया था सूबेदारनी ने, तब कहीं खुद के पूर्णांग हुए होने की सी तृप्ति हुई थी।

कल और भी क्या हुआ था। उधर बाबू देवी-जागरण में हैं और इधर सूबेदारनी के साथ का एक-एक दिन बाइस्कोप के चित्रों की तरह आँखों के सामने हुआ जा रहा है कि कौन-सा सूबेदारनी के साथ कितना बीता और कितना खेतों, कितना जंगल और नदी-बावड़ी में कितना। एक बगल सूबेदारनी हैं, दूसरी बगल भिमुवा या रमुवा! सूबेदार कह रहे हैं–"भिमुवा की अम्मा!"–सूबेदारनी–"रमुवा के बाबू!" –और यह कि "इजा की जगह, अम्मा क्यों कहने लगे हो?"

सूबेदार एकाएक अपनी फौजी अंग्रेजी ठोक दे रहे हैं, "एभ्री डे एंड एभ्री नाइट–माई डियर सूबेदारनी, यू वाज ऑन माई ड्रीम!" और सूबेदारनी पॉलिएस्टर की नई साड़ी का छोर मुँह में दबा ले रही हैं, "आग लगे तुम्हारी इस लालपोकिया बानरों की जैसी बोली को।"

अंग्रेजी का अ-आ नहीं जानती हैं, लेकिन अंग्रेजों का रंग गुलाबी होता है, इतना उन्हें पता है। सूबेदार समझा देते हैं कि "इतना तो, 'माई डियर', बिलकुल करेक्ट पकड़ लिया आपने कि यह लालपोकिया अंग्रेजों की लैंग्विज है।"

रातों को काफी ठंड है और छोटे रमुवा ने सोए-सोए ही लघुशंका निबटा दी है, तो सूबेदारनी मजाक कर रही हैं, "वहाँ फौज में भी ऐसा ही कर देते हो क्या?"– सूबेदार बदले में कुछ और गहरा मजाक करने की सोच ही रहे हैं कि सूबेदारनी की आँखें एकाएक आर्द्रा नक्षत्र में हो आती हैं, "मेरे लिए रमुवा में तुममें क्या अन्तर हुआ!"

इसीलिए कहने और मानने को मन करता है कि देवी मइया, तू नहीं, तो कौन है। दो-तीन साल बलि के बकरे की तरह का टँगा होना होता है वहाँ और कौन है वहाँ, जिससे बातें करते खुद के ऊँचे-ऊँचे पर्वत शिखरों पर आसीन होने और साथ में किसी के अपने में से ही झरने की तरह फूट, या नीचे नदी की तरह बह रहे होने

की प्रतीति हो। जहाँ सिर के ऊपर जाने ससुरे कितने कप्तान-कर्नल-जनरल लदे रहते हैं, वहाँ सूबेदार की औकात क्या होती है। लेकिन यहाँ–और स्मृति की मानो, तो वहाँ भी–एक तेरा स्पर्श होता है कि शरीर में वनस्पतियाँ-सी फूट पड़ती हैं।

हाट की कालिका मइया के दरबार में जाने का दिन सिर पर आ रहा है और तत्पश्चात् ही सामने होगी–विदा होने की घड़ी। सूबेदारनी के साथ बीते एक-एक दिन को घुप्प अँधेरे में बिखेर देने को मन करता है और टॉर्च हाथ में लेकर ढूँढ़ने को। आज भी सूबेदारनी अभी-अभी, रोज की तरह, विहानतारे को गोद में लेकर दूध पिलाने को उतावली, छाती पर पाँव रखती-सी निकल गई हैं, लेकिन झाँवरों की आवाज अभी भी मधुमक्खियों का सा छत्ता डाले हुए है।

''चहा तैयार है, बाबू!'' कहता भिमुवा देली पर खड़ा दिखाई दिया, तब हुआ कि सुबह हो गई होगी। आज का दिन बीच में है, कल ही हाट की जात्रा पर जाना है। सूबेदारनी कल कह रही थीं कि ''हँहो, रमुवा के बाबू, तुम कह रहे थे इस बार बाँज की पाल्यों कैसी हो रही है?''

जंगल गाँव के उत्तरी छोर में है। एक सिलसिला-सा है, जो सात-आठ गाँवों के सिरहाने की सघन हरीतिमा की तरह, आर-से-पार तक चला गया है। नीचे-नीचे तक कई बार हो आए हैं सूबेदार, लेकिन चूँकि शिकार खेलने को मना कर देती रही हैं सूबेदारनी कि ''हँहो, यह अपनी भड़ाम्म-भड़ाम्म वहाँ अपनी मिलेटरी में ही किया करो। हमको नहीं लगती अच्छी हत्या–'' इसलिए सूबेदार भी, बस, राइफल को कन्धे पर सैर-भर करवा के लौट आते रहे हैं, लेकिन दो-दो तनतनाते बकरे हाट की कालिका के मन्दिर में काटे जाने हैं, एक भिमुवा की बधाई का भाखा हुआ है, दूसरा रमुवा की–देवी मइया नहीं कहती होगी कि हमें नहीं अच्छी लगती हत्या? खैर, वो क्या है कि बाबू देवी-जागरण में कैसे बताते हैं कि एक हाथ में खड्ग लिया, दूसरे में कृपाण, एक में शंख लिया, दूसरे में चक्र, एक में त्रिशूल लिया और दूसरे में गदा, एक हाथ में...सोलह हाथों में मइया कालिका ने आयुध धारण किए और दो हाथों में खप्पर...

इससे ज्यादा दूर तक मस्तिष्क जा नहीं पाता है। क्योंकि वह तो जब तक दो हाथोंवाली है, तब तक हमारी पहुँच में है। आगे का रूप ऋषि-मुनियों के ज्ञान की वस्तु हुई।

चाय पीने को बाहर आँगन में निकल आए सूबेदार, तो अब तक का सारा मायालोक जैसे कमरे में ही छूट गया। भीतर चित्त का विस्तार था, बाहर प्रकृति उपस्थित है। गाँव की बाखलियों (घरों की शृंखला) से नीचे घाटी में, नदी के

किनारे तक खेतों का सिलसिला चला गया है। लगता है, सुबह-सुबह विशेष तौर पर सर्दियों की ऋतु में, नदी में स्नान करके, कोई सीढ़ियों पर पाँव रखती-सी, वो ऊपर जंगल में निकल गई। दो-चार दिन घट (पनचक्की) की ओर निकल गए थे, तो सूबेदारनी कपड़े धोती रही थीं और वो देखते रहे तालाब में मछलियों का खेल। जीवन का खेल जल-थल, सब जगह एक है।

आजकल गेहूँ खेतों में अन्नप्राशनी के बाद के बच्चों जितना सयाना हो आया है। घुटनों के बल खड़ा होने की कोशिश करता हुआ-सा, लेकिन अभी कोहरे में धोती से पल्ले के नीचे दुबका पड़ा-सा अन्तर्धान है। कहीं आठ-नौ बजे तक कुहासा ठीक से छँट पाएगा। अभी तो भूमिया देवता के कमर से नीचे के परिधान की तरह व्याप्त है। गाँव भी तो कितना छोटा है यह। पहाड़ का बच्चा मालूम देता है।

दस बजे तक में सबको खिला-पिलाकर, सूबेदारनी ने सीढ़ी के पत्थर पर दराँती को धार लगाना शुरू किया, तो सूबेदार भी वर्दी में हो लिये। खूँटी पर से उतारकर, राइफल कन्धे पर रखी, हवाई बैग में टेपरिकॉर्डर, कैमरा और सिगरेट का डिब्बा रखा और चल पड़े।

आँगन से लेकर, जंगल की तरफ वाली पगडंडी में परिचितों-बिरादरों से 'राम-राम, पायलागों—जीते रहो' निबटाते हुए, पूर्ण एकान्त होते में ही सिगरेट का एक जोरों का कश लिया। फिर थोड़ा रुककर, पीछे-पीछे आती सूबेदारनी को बराबरी पर रोकते हुए, कन्धे पर हाथ रख दिया, "आज आपको बहुत जी-जान से गाकर सुना देनी है, न्यौली, माई डियर! घर में और खेतों में 'भौइस' दबवा दी थी आपने। अब तो चलाचली का वक्त है। कल पूजा हो जानी है। बस, दो-चार दिन और बासा मानिए। फिर वही, आफ्टर मिनीमम टू और थ्री एयर्स वाली बात गई। आप उस न्यौली को जरूर गाना आज अपने फुल भौल्यूम में—काटते-काटते फिर पाल्योंता जाता है बाँज का जंगल—दि फॉरेस्ट ऑफ मिरीकिल्स!"

सूबेदारनी कुछ नहीं बोलीं, प्रकृति बनी रहीं। लगभग एक मील के बाद अरण्य का सम्पूर्ण वृत्त, वनस्पतियों से भरी झील हो गया। दूर-दूर गाय-बकरियाँ चरती दिखाई दे रही थीं और कुछ औरतें। बाँज-फ्रल्यांट के पल्लव बटोरतीं। सूबेदारनी को इतना संकोच तो था कि पहले साथ-साथ जानेवाली औरतें जहाँ और जब आमना-सामना होगा, मजाक जरूर उड़ाएँगी, लेकिन इनका संग तो सदैव का है, सूबेदार का कहाँ। ये तो फूल की तरह खिले और वो भी दो-तीन बरसों में एक बार। एकाध महीना अपने संग-संग हमें भी खिलाए रहे और फिर अचानक एक दिन, आँख-ओझल।

अब जंगल तो रेशा-रेशा जाना हुआ है। एकान्त ढूँढ़ते में ज्यादा समय नहीं लगा। सूबेदार बच्चा हो गए कि पाल्यों कटे न कटे, न्यौली पहले निबटनी है। चौरस जगह टोहकर, सूबेदारनी अपने नए, रंगीन घाघरे को ठीक से फैलाती बैठ गईं। हरी क्रेप के घाघरे में लाल रंग की गोट है। कमर में धोती का पीताम्बरी फेंटा है। पिठाँ-अक्षत माथे पर ऐसे हैं, जैसे गर्भ से ही साथ हों। नाक में चन्दकोंवाली, तीन तोले की बाएँ कान के पास तक का स्थान घेरती नथ है–कानों में सोने की मुद्रिकाएँ! गले में मोतीमाला, काला चरेवा और गुलूबन्द है। हाथों में पहुँचियाँ और पाँवों में झाँवर। पूरे आभूषण धारण किए हैं आज नैना सूबेदार के आग्रह पर। एक हाथ में दराँती है। दूसरे में अभी तक बाँज-फ्रल्यांट के पल्लव रखने का जाल था, अब उसमें रंग-बिरंगे फुन्नों वाला धमेला है। क्या रूप है। क्या रंग है।

सूबेदार एकाएक उठे अपनी जगह से सूबेदारनी साहिबा के सिर पर हाथ फेरते हुए 'ओक्के' कहा और जंगली मृग होते, कुलाँच मारते-से, कुछ फासले पर हो गए। कभी कहें–माई डियर, जरा-सा दाएँ। कभी बाएँ। कभी मुस्कुराओ, कभी खिलखिलाओ और कभी न्यौली गाने की, फिर कभी जंगल में किसी खोए हुए को ढूँढ़ने की सी मुद्रा में हो जाओ–सूबेदारनी साहिबा को भी जाने क्या हुआ कि जैसा कहा, तैसी होती गईं। बीच में सिर्फ इतना ही बोलीं, "देखो, जैसे तुम्हारा मन अघाता है, तैसा कर लो, मगर इस वक्त के फोटू मिलेटरी में चाहे अपने दोस्तों-दोस्तानियों को दिखाते फिरना, यहाँ रमुवा के बूबू (दादा) और दूसरे लोगों की नजर में नहीं पड़ने चाहिए–बहुत मजाक उड़ाएँगे लोग! कहेंगे, घर में जगह नहीं मिली...।"

सूबेदारनी साहिबा का खिलखिलाना हिलांस पक्षी के चन्द्राकार झुंड-सा उड़ता हुआ, जाने हिमालय के शिखरों तक कहाँ-कहाँ चला गया। सारा अरण्य डूब गया। नैना सूबेदार के मुँह से इतना ही निकला, "हमको तो आप ही देवी हैं।"

सूबेदारनी में सारा संकोच पतझर के समय का पत्तों-सा झरता, और ऋतु वसन्त के पल्लवों-सा उगता चला गया। कहाँ फोटो में गाता दिखाई पड़ने भर को न्यौली शुरू की थी, कहाँ एक लड़ी-सी बँधती चली गई।

काटते-काटते फिर पल्लवित हो आता है
बाँज का वन...
समुद्र भर जाता है, मेरे प्राण,
नहीं भरता मन!
आश्विन मास की नदी में चमकती है
असला मछली...
अब जाते हो

कौन जानता है, फिर कब होगी भेंट!
वो देखो, उधर हिमालय की द्रोणियों में
कैसी चादर-सी बिछ गई है बर्फ...
पक्षी होती मैं, मेरे प्राण,
उड़ती, बस उड़ती ही चली जाती
तुम्हारी दिशा में!

'टेप' की गई न्यौलियों को खुद सूबेदारनी ने सुना, तो पहले मुग्ध हुईं और फिर फूट-फूटकर रो पड़ीं। कल रात से अब तक में एकत्र सारा सुख, जैसे अपने सारे आवरण पृथक् करता हुआ-सा, एक साथ प्रकट हो गया।

लौटते-लौटते शरद ऋतु का दिन और छोटा पड़ता गया। सूबेदारनी के पाँव भारी हो गए हैं। एक गट्ठर सिर पर लदा है बाँज और फ्रल्यांट के पल्लवों का। एक भीतर इकट्ठा है। पाल्यों उतारने और जाल भर लेने के बाद के विश्राम में, सिर सूबेदारनी साहिबा की गोद में था और जूँ ढूँढ़ने की प्रक्रिया में उनके अँगूठों के नाखून आपस में जुड़ते थे, तो लगता था आवाज मीलों दूर तक जा रही होगी। तब याद आया था, अचानक, फिर वही खीमा के साथ की ट्रक-यात्रा में एकाएक उपस्थित होकर, सफर समाप्त होने तक लगातार विद्यमान रहा मृत्यु-भय! सुख अकेले कहाँ आता है।

रात के सन्नाटे में, नीचे घाटी की दिशा से, सियारों का समवेत आता है। और याद आता है, सूबेदारनी का आँचल ओठों में दबाकर, यह बताना कि इसी वर्ष जुलाई में गाँव के तीन घरों में तार आए। सुना, उधर अमृतसर में कोई लड़ाई हो गई...एक साया फौजियों के घर मँडराता फिरता रहा है महीने-भर।

किसी भी दिन हो सकता है, अघटित का घटित होना। फौजी गुजरता है, तो सिर्फ तार ही देखने को मिलता है। रूप, आकार–उसी में सब कुछ देख लो। अच्छा ही है कि जीवन का अन्त जब भी हो, सूबेदारनी साहिबा से कहीं बहुत दूर हो। हाट की कालिका के मन्दिर में देवदार के जुड़वाँ पेड़ हैं। सैकड़ों वर्ष पुराने। जाना कल है, पेड़ आज ही क्यों याद आ पड़े? दोनों को देखो, तो एक में से ही दो किए हुए से दिखाई पड़ते हैं। लगभग बराबर ऊँचे, बादलों को छूने को बढ़ते हुए से। बराबर सघन धूप छतरी पर ही अटक जाती है। नीचे कितनी गहरी छाया। इनमें से एक को काट दीजिए, तो दूसरा सिर धुनता दिखाई पड़ेगा।

माता तू ही रक्षा करना!

सूबेदारनी देवी का चोला सिल चुकी हैं। चढ़ावे की अन्य सामग्रियों के साथ, दोनों घंटे भी एक कोने में रख दिए गए हैं। भीमू और रामू, लाख मना करते भी, कभी-कभी बजा देते हैं, तो घंटे के वृत्त में खुदे अक्षर उनका नाम पुकारते मालूम

देते हैं—श्री भीमसिंह, आत्मज ठाकुर श्री नैनसिंह, आत्मज श्रीमान् ठाकुर इन्द्रसिंह, झुपुलीगैर निवासी—श्री रामसिंह, आत्मज ठाकुर श्री नैनसिंह, आत्मज श्रीमान...

हर बार इन छुट्टियों-भर का उत्सव है। दोनों छोरों पर। इस बार मइया की कालिका के दरबार में बधाइयाँ जानी हैं, तो यही रंग सबसे ऊपर है। बच्चे अपने दादा की नकल में देवी-जागरण लगाते हैं। भिमुवा ने क्या कहा था कि अगर कोई बहन होती, तो उसमें देवी का अवतार कराते?

सूबेदारनी साहिबा की प्रतिच्छवि और उतर भी किसमें पाएगी? आधी सृष्टि उसी पक्ष में है। आधी उससे बाहर।

घर तो, घर है। ऊपर दोमंजिले पर व्यतीत होते जीवन में नीचे गोठ के पशुओं तक का साझा जान पड़ता है। कुछ ही दिनों को आए हैं, तो भी भैंस दुहने, नहलाने, उधर घर में के पेड़ों पर स्तूप की तरह चिनी गई घास की पुल्लियों को उतरवाने तथा लकड़ी फाड़ने, नाना प्रकार के छोटे-छोटे घरेलू काम हैं। यहाँ आकर समझ में आता है कि एक सूबेदारनी के सिर पर कितने काम। भाई कोई संग आया नहीं। बहनें थीं, एक आसाम कहीं है अपने परिवार के साथ, दूसरी चार दिनों को आई, बनखरी वाली दीदी, हवा के साथ-साथ लौट गई। सबके अपने-अपने कारोबार हैं।

कहो कि बुड्ढे जी अभी भी छोटे-मोटे कई काम निबटा लेते हैं। इस बार यही तो समझा रहे थे कि आधी पेंशन पर ही चले आओ। सूबेदारनी भी यही चाहती हैं, मगर अभी और चार-पाँच साल खींच लेना ही ठीक है। फौज के रहे को फिर यहाँ कौन-सी नौकरी-दुकानदारी करनी। पूरी पेंशन लेकर घर बैठना है। यही खेती-बाड़ी सँभालनी है और बच्चों को आगे बढ़ाना है।

सोचते जाओ, तो जीवन के तर्क पीठ पर सवार होते जाते हैं। सूबेदारनी से कुछ छिपा नहीं रहता। कभी अड़ोस-पड़ोस घूमने में लगा देती हैं। कभी नमकीन और प्याज सामने लगा देती हैं। खाने-पीने की चीजों में कुछ छूट न जाए। दो-चार दिन घरेलू व्यंजनों की हौंस। कभी भट-मदिरा का जौला और लहसुन, हरी धनिया का नमक है। कभी चौमास से रखी करड़ी ककड़ी का रायता, गड़ेरी का भंग पड़ा रसदार साग और पूरियाँ। कभी मुट्ठी-भर लहसुन पड़ी और घी में जम्बू से छौंकी मसूर की दाल है, हरी पालक-लाही का टपकिया और ताजे-ताजे ऊखलकुटे घर के चावलों का भात।

कभी घर में ही बकरा कट गया। सान-सून, भुटुवे से लेकर सिरी-गणुओं का शोरबा! घर में न हुआ, कभी पास-पड़ोस से आ गया शिकार। कभी शहर से खाने-पीने, फसक-फराल—हर चीज की बहार। यही सब धूप-छाँव ठहरी आदमी के जीवन में, बाकी क्या रखा ठहरा। कैलाश का देवता भी आदमी के आँगन में उतरा,

तो उसे भी आखिर-आखिर नाच-कूद के चल ही देना हुआ। बाबू बड़े गिदार हुए। कितनी कहावतें हुईं उनके पास। कभी तरंग में हुए, तो नातियों के साथ-साथ, बहू को भी बिठा लिया। बाप-बेटे, दोनों के सामने रम के पेग हुए। बाबू कभी 'और मेरे रंगीले, झुमाझूमी नाच' की मस्ती में, तो कभी 'सदा न फूले तोरई, सदा न सावन होय' के वैराग में।

बाद के दिन तो भारी होते गए। हाट के देवी-मन्दिर से लाया गया लाल वस्त्र आँगन-किनारे के खूबानी के पेड़ की टहनी में बँधा हुआ है, लेकिन नैना सूबेदार देखते हैं, तो रेलगाड़ी के गार्ड के हाथ में थमी हरी झंडी मालूम देता है। हवा में हिलता है, तो 'चलो, चल पड़ो' कहता सुनाई पड़ता रहा है। और इस वक्त हाल यह है कि सारा सामान बँधा पड़ा है, लेकिन कुली अभी तक कहीं नहीं दिखाई पड़ा। कल शहर स्कूल जानेवाले बच्चों से कहलवा भेजा था कि किसी मेट को भिजवा दे हिमालया होटल का बची सिंह, मगर कहीं कोई चिह्न ही नहीं है।

गाँव का हाल है यह कि कुली का काम पी.डब्लू.डी. या जंगलात के ठेकों पर करनेवाले अनेक हैं, लेकिन बिरादरों का बोझ उठाना गुनाह है। माया-मोह में रह भी गए अन्तिम गुंजाइश तक। अब अगर कल सुबह तक टनकपुर ही नहीं पहुँच पाए, तो अम्बाला छावनी कहाँ समय पर पहुँचना हो पाएगा। कई बार जी में आता है कि खुद ही लादें और चल पड़ें। वापसी का सामान है, बहुत भारी नहीं, मगर जो देखेगा, सो ही हँसेगा। सारी सूबेदार साहबी मिट्टी में मिल जाएगी।

सूबेदार बार-बार सिगरेट सुलगा रहे थे और बार-बार घड़ी पर आँखें जाती थीं। बाबू बूढ़े और कमजोर हैं। बच्चे कच्चे। डेढ़-दो घंटे से कम का रास्ता नहीं बस-अड्डे तक का और दोपहर बाद तो आखिरी बस क्या, ट्रक मिलना भी कठिन हो जाएगा। नैना सूबेदार अभी हताशा और बेचैनी में ही डूबे थे कि देखा, सूबेदारनी बाबू से कुछ कहती, नजदीक पहुँची हैं और जब तक में वो कुछ ठीक से समझें, सूटकेस उठाकर सिर पर रख लिया और कह क्या रही हैं कि "बिस्तरबन्द इसके ऊपर रख दो।"

सूबेदारनी के कहने में कुछ ऐसी दृढ़ता थी और परिस्थिति का दबाव कि सूबेदार को पाँवों से सिर तक एक झुरझुरी-सी तो जरूर हुई, मगर इस तर्क का कोई जवाब सूझा नहीं कि 'मुँह ताकते तो दिन निकल जाएगा। थोड़ी दूर तक तो चले चलते हैं, रास्ते में कुली जहाँ भी मिल जाएगा...।'

नई बात इसमें कुछ नहीं। छुट्टी पर आते में कुली साथ आता है, वापसी में घर के लोग पहुँचा देते हैं। सिपाही-लांसनायक तक तो अपना सामान खुद नहीं उठाते, हवलदार-सूबेदार की तो नाक ही कटी समझिए।

गाँव की सरहद के समाप्त होते-होते, चित्त काफी कुछ व्यवस्थित हो गया। बाबू और बच्चों की आकृतियाँ धुँधली पड़ती गईं। गाय-भैंस-बकरियों तक की स्मृति कुछ दूर तक साथ चलती आती है। सरहद तक तो खेत तक साथ चलते मालूम पड़ते हैं। दरवाजे के ऊपर चिपकाया गया दशहरे का छापा भी। दशहरे के हरेले के दिन सावन के रक्षाबन्धन की सहेज रखी रक्षा बाँधते और हरेला सिर पर रखते हुए क्या कहा था, ठीक माँ की तरह—जीते रहना, जागते रहना। यों ही बार-बार भेंटते रहना। सियार की जैसी बुद्धि हो, सिंह का सा-बल! बालकों का-सा हठ हो—योगियों का-सा ज्ञान!

रक्षा का मंत्र तो खुद सूबेदार को भी याद ठहरा—'येन बद्धो बलि राजा, दानवेन्द्रों महाबल:...' ये तागे ऐसे ही हुए। दानवेन्द्रों से भी नहीं तोड़े जा सके, हम नर-बानर किस गिनती में। माँ जब तक हुई, ठीक यही, इस गधेरे तक आती रही छोड़ने। यहीं रोककर, स्फटिक स्वच्छ गंगाजल अँजुली में भर लाती थीं और सूबेदार के माथे पर छिड़कती, बाँहों में बाँध लेती थीं। तागों का एक पूरा जाल हुआ। घर पहुँचो, तो अदृश्य हो जानेवाला ठहरा। वापस लौटते में लोहे के तारों का गड़ना। यह सब जीवन का सामान्य प्रवाह हुआ। किसने पार पाया, कौन पा सकेगा। मुखसार की ऋतु में बैल खुले हैं, जुताई के वक्त कहाँ एक के बाद, दूसरा सिगरेट जलाते हुए, यही गाने का मन हो रहा कि—चल, उड़ जा रे पंछी—ई.-ई-ई...

टेपरिकॉर्डर, कैमरा हवाई बैग में हैं। इसके अलावा टिफिन भी सूबेदार के हाथ में। रूल कभी-कभी उन्हीं से टकराकर बज उठता है। सूटकेस और सफारी होल्डाल सूबेदारनी साहिबा के सिर पर हैं। यों तो अनेक का यही सिलसिला है। हवलदार साहब ट्रांजिस्टर लटकाए, रूल हिलाते, घड़ी बार-बार देखते और सिगरेट पीते आगे-आगे चल रहे हैं और पीछे-पीछे घरवाली—सामान सिर पर लादे हुए। मगर नैना सूबेदार के साथ यह पहला अवसर है। कभी भी, अपने से दो अंगुल कम करके तो देखा ही नहीं।

एकाएक बोले, "सूबेदारनी, आप जरा रुकिए। ये बैग और टिफिन आप पकड़ लीजिए अब। थोड़ी दूर तक अटैची-होल्डाल मैं ले चलता हूँ..."

सूबेदारनी पीछे को मुड़ीं, हौले से मुस्कुराईं, तेजी से आगे बढ़ गईं। जैसे गन्ध प्रकट करती जाती हों अपनी। बोलती गईं, "मेरा तो यह रोज का अभ्यास हुआ, रमुवा के बाबू! बेकार के संकोच में पड़ रहे हो। खेतों में पर्सा नहीं ढोती कि घास-अनाज के गट्ठर नहीं। उस दिन भी तुम्हारे पीछे-पीछे पाल्यों का जाल लिये चल रही थी।"

"वो घर का, रोजदारी काम हुआ—मगर ये तो..."

'एक प्रकार की कुलीगिरी हुई,' को सूबेदार ने अपने भीतर ही अन्तर्धान कर लिया।

"आज बात करने में तुम 'माई डियर, माई डियर!' नहीं कर रहे हो–इतना उदास पड़ जाना भी क्या ठहरा!"

अब सूबेदार कैसे बताएँ कि अग्निपर्व बीत गया, राख रह गई। यहाँ से वहाँ तक, एक बुझा–बुझापन–सा व्याप्त हुआ पड़ा है।

"इज्जत तो भीतर की भावना हुई। हम निगोड़ी तुम–तुम ही तुमड़ाती रहीं जिन्दगी–भर। तुमसे 'आप–आप' से नीचे नहीं उतरा गया। दुर्गा सासू कह रही थी, घरवाली को प्रतिष्ठा देना कोई इसके सूबेदार से सीखे। तुम जब वहाँ रात–दिन हम लोगों की चिन्ता में घुलते रहनेवाले हुए, तब कुछ नहीं–एक दिन को तुम्हारा बोझ हमारे सिर पर आ गया, तो क्या पर्वत आ गया ठहरा? सिर के ताज तो आखिर तुम ही हुए..."

सूबेदार को लगा कि सूबेदारनी का बोलना फिर कानों तक आते चला गया और सूबेदार को लगा, जैसे कलम से शरीर पर लिखे दे रही है कि अगली छुट्टियों में क्या–क्या लेते आना है।

फिर स्मृति में स्पर्श उभरते ही गए कि गाँव पहुँचने के दिन एक–एक वस्तु को कैसे हजार आँखों से देखती–सी मुग्ध होती जाती थीं सूबेदारनी। सिंथाल की बट्टी को जब इन्होंने सूँघा, तब उससे सुगन्ध फूटनी शुरू हुई थी। लोभ नहीं है, लाए हुए को सार्थक कर देना है। इस वक्त 'यह मत भूलना, वह जरूर लेते आना' की सारी रट, सिर्फ सूबेदार का उत्साह और गरिमा बढ़ा देने के लिए है।

गाँव से शहर तक की इस सड़क पर, यह कोई पहली बार का चलना तो नहीं। इन्हीं छुट्टियों में दो बार आ चुके हैं। एक बार शहर घूमा, कुछ खरीदारी की, मैटिनी शो देखा, वापस लौट गए। दूसरी बार, मेला घूमे, नाइट–शो देखा और हिमालया होटल में ही ठहर गए।...हाँ, प्रसंग बदल गया है, तो सड़क भी पाँव थामे ले रही है।

पिथौरागढ़–झूलाधार वाली मुख्य सड़क अब थोड़े ही फासले पर है। इस गाँव वाली सड़क के दोनों ओर पत्थरों की चिनाई हुई है। समतल नहीं, ऊबड़–खाबड़ है। बूटों की आवाज कानों को स्पर्श करती मालूम पड़ती है। नजर नीचे चली जाए, तो खेतों में घास बीनती औरतें या इनारे–किनारे की भूमि पर चरते पशु दिखाई पड़ जाते हैं। ऊपर आसमान की तरफ देखो, ये ही सब पक्षी बनकर उड़ते–से जान पड़ते हैं। जहाँ तक यह गाँववाली कच्ची सड़क जाती है, सब एक है। पक्की डामरवाली सड़क आते ही, पृथक् हो गए होने का आभास होता है।

दूर खड़ा भराड़ी का जंगल 'याद रखना, भूलना मत' पुकारता–सा आगे को आ रहा है और प्रकृति सूबेदारनी की ही भाँति घाघरा फैलाए बैठी मालूम पड़ती है।

मुसन्यौले ज्यादा लम्बे नहीं उड़ते, सिर्फ एक से दूसरी झाड़ी तक फुदकते हैं और चीं-चीं मचाए रहते हैं। याद आता है कि इस बार कन्या की कामना इतनी क्यों रही होगी, तो वहाँ अम्बाला छावनी में साथ के एक फौजी अधिकारी के यहाँ आँखों में छा गई छोटी-सी बच्ची की आकृति स्मृति में उभरती आती है। याद आता है उसका 'अंकल-अंकल' कहना और कन्धे पर चढ़ने की जिद करना और यह कि बाबू की वृद्धावस्था और घर के वीरान पड़ जाने के डर में परिवार को साथ रखने का अवसर नहीं।

कल यों ही पूछ लिया कि सूबेदारनी साथ चलोगी? जवाब क्या आया कि किस बार नहीं चली हैं। जब छाया न रहे, तब समझो कि साथ नहीं है। और इस वक्त साथ चल रही हैं, तो छाया से ज्यादा कहाँ हैं।

प्रकृति की ही भाँति, सूबेदारनी भी तो ज्यों-ज्यों ओझल, त्यों-त्यों और प्रत्यक्ष होती जाती हैं। हर बार यही होता आया है। बस में बैठते ही स्मृतियाँ पक्षियों के झुंडों की तरह उदित हो जाती हैं भीतर। कौन दिन, कौन क्षण कैसा बीता सूबेदारनी के साथ, जंगल में की हवा की तरह बजने लगता है भीतर। यहाँ से कैम्प पहुँचने तक नदी की यात्रा है।

अचानक रुकीं और 'दो मिनट ठहरना'–कहते-कहते, सूबेदारनी ने सिर पर का सामान दीवार पर रखवा देने का इंगित किया। सूबेदार को लगा, चढ़ाई चढ़ते थक गई हैं। सामान ठीक से रखाते, कुछ कहने को हुए कि संकोच और शरारत में मुस्कुराती, सूबेदारनी तेजी से नीचे खेतों की दिशा में उतर गईं। जब तक में वो लौटीं, नैना सूबेदार को अचानक ही भराड़ी के जंगल में की वह जलधारा स्मरण हो आई, जिसे उद्‌गम में देखते, उन्होंने सूबेदारनी से मजाक किया था–यह नहीं शरमाती।...सूबेदारनी क्या बोलीं–धरती तो माता हुई। उसे सभी समान हुए।

शादी के बाद का एक बरसों लम्बा सिलसिला है, जो सूबेदारनी को सयानी करता चला। आने के साल से अब तक में क्या से क्या है। भराड़ी के जंगल में से प्रकट हुई पतली-सी जलधारा, दूर तक क्या जाइए, नीचे घाटी तक में पनचक्की के पाट घुमाती नदी हो गई है। जाने कितने स्रोतों से जल इकट्ठा होता गया।

रोकते-रोकते भी, फिर सामान उठा लिया। चल पड़ने से पहले बोलीं, "आप जाने लगते हो, तो जाने क्या होता है। भीतर-भीतर ठंड-सी मालूम पड़ती है। इस बार तो दूर तक का साथ हुआ–पिछली बार आँगन में ही खड़ी थी। आप आँखों से ओझल हुए कि तब भी..."

जब तक में नैना सूबेदार कुछ कहने की कोशिश करें, वो चल पड़ीं। दो कदम पीछे चलते, साफ-साफ दिखती हैं। सिर पर के बोझ और असमतल रास्ते के कारण, कमर दाएँ-बाएँ लचकती है, तो सुनहला-सा गोरा रंग नजर थाम लेता है।

पिंडलियों पर से घाघरे का पाट उठता है, तो मछली के पानी में करवट मारते होने की सी झिलमिल। जाते समय सूबेदारनी, हर बार, ऐसी हो आती हैं कि नदी का छूटना है। सफर करते में घंटों बाद कहीं कोई नदी आती है रास्ते में, तो कैसे उसकी आब ऊपर तक आती मालूम पड़ती है। यह आर्द्रा कभी नहीं छूटती। बाहर ओझल होते ही, भीतर बहने लगती है।

बिलकुल चुपके आस्तीन से आँखें पोंछीं, तो भी कुछ आवाज-सी आती सुनाई पड़ी। नैना सूबेदार ने जर्सी की जेब में से निकालकर, चश्मा लगा लिया। सूबेदारनी चली जा रही थीं। उनका तेज चलना हाथ में बँधी घड़ी पर वजन डालता मालूम पड़ रहा था। दोनों हाथ ऊपर को उठाये चल रही हैं, तो औरत होना अपनी भाषा बोलता-सा सुनाई पड़ता है। नदी में नहाकर, किनारे जाइए। कपड़े बदलिए, वापस लौट चलिए। थोड़ा स्मृति पर जोर देने की कोशिश करिए कि नदी के बहते होने की आवाज–खासतौर पर पहाड़ में–कितनी दूर-दूर तक साथ आती है।

मुख्य सड़क तक पहुँचने से पहले ही, कुछ कुली कन्धे पर रस्से डाले शहर की तरफ जाते दिख गए, तो सूबेदार ने जोरों से पुकार लिया। वो ठिठके, तो आने का संकेत किया। तब तक में सूबेदारनी ने सिर पर से सामान उतार, दीवाल पर रख दिया।

एक-एक रुपए के नोटों की एक नई गड्डी जर्सी से निकालकर, सूबेदारनी के हाथों में थमाई नैना सूबेदार ने। कहा कुछ नहीं। हाथों को कुछ क्षण यों ही थामे रहे। सूबेदारनी ही हँस पड़ीं, ''इतनी ज्यादा रकम दे रहे हो मजदूरी में–अगली बार भी हम ही लाएँगी साहब का सामान...''

सूबेदारनी हँस रही थीं। हाथों को अलग करना कठिन हो गया। बेल लिपटी जान पड़ती है। एकाएक भराड़ी के जंगल में न्यौली गाते समय का परिदृश्य छा गया। भीतर कोई फूट-सा पड़ा–छोड़ो यार, सूबेदार! सारा बोरा-बिस्तर भूल जाओ यहीं सड़क पर, यों ही हाथ फँसाए, सूबेदारनी को ले उड़ो। खेत, घाटी, जंगल, नदी–सबको उलाँघते चले जाओ। जब थक जाओ, सूबेदारनी की गोद में सिर रखे, आंचल ऊपर उठा दो और पड़े रहो।

इस हिमशिखर के पार का झरना साफ दिखाई देता है। झाँको तो खुद के प्रतिबिम्ब झलकते हैं।

कुली ने सामान लाद लिया, तो सूबेदारनी ने पाँवों को स्पर्श किया और सिर तक समा गईं। उनकी उँगलियों की छुअन, बूटों तक के भीतर ही नहीं, पूरे स्मृति जगत् में व्याप्त हो गई। कुछ समझ नहीं पाए कि पाँवों पर झुकी सूबेदारनी को 'जीती रहो, जागती रहो' कैसे कहें। सूबेदारनी अब विदा लेने को खड़ी हुईं, तो पिठाँ-अक्षत

जैसे एकाएक प्रकट हुए हों माथे पर। जाने कितनी गहरी रेखाएँ उभर आईं, आँखों के बीच की जगह अन्तर्धान हो गई। दोनों, ऊपर तक डबडबा उठी थीं अब। नैना सूबेदार को लगा, पक्षी योनि से पहले इस झील का पार कठिन है। सूबेदार को हुआ, पंख होते हुए तो एक ही उड़ान में बोझिल हो जाते।

ऊपर पक्की सड़क तक पहुँचते में सूबेदार मुड़े नहीं। गाँव की कच्ची सड़क का मुहाना मुख्य सड़क में समा गया, तब पलटकर देखा।

सूबेदारनी इसी ओर टकटकी लगाए खड़ी थीं। ओझल होते, तो उन्हें ही देखना है।

अमरूद का पेड़

ज्ञानरंजन

घर के सामने अपने आप ही उगते और फिर बढ़ते हुए एक अमरूद के पेड़ को मैं काफी दिनों से देखता रहा हूँ। केवल देखता ही नहीं, इस देखने में और भी चीजें शुमार हैं। तीन-चार साल में बड़े हो जाने, फूलने और फल देने के बाद भी उसकी ऊँचाई गन्धराज या हरसिंगार के पेड़ से ज्यादा नहीं बढ़ी। शुरू-शुरू में तो परिवार के सभी लोगों ने उसके प्रति उदासीनता ही रखी या कहूँ लापरवाही बरती तो गलत नहीं होगा। राम-भरोसे पेड़ जब बड़ा हो गया और हमारे मकान का फ्रंट जब भरा-भरा लगने लगा तो सबसे पहले बाबू कन्हैयालाल की बूढ़ी पत्नी ने एक दिन टोका कि पश्चिम की तरफ अगर मकान का मुखड़ा हो और सामने ही अमरूद का पेड़ तो 'राम-राम बड़ा अशुभ होता है।' अम्मा के चेहरे पर थोड़ा-सा भय अपने कुनबे के लिए आया पर मुझे विश्वास था कि इन सब पिछड़े खयालों का हमारे घर में गुजर नहीं हो सकेगा।

माँ अजमेर में जेल कर चुकी है—लम्बा जेल। सत्याग्रह के दिनों में। पिता जी खुद राजनीतिक-सामाजिक उदारतावाले आदमी हैं। हमारी एक बुआ ने विवाह नहीं किया और पढ़ने-लिखने में ही उन्होंने अपनी जिन्दगी डुबो दी और समाज उन्हें कोई चुनौती देने का साहस नहीं कर सका। एक को छोड़कर हम सभी भाइयों में खिलाड़ीपन है। चचेरे ने अन्तर्जातीय विवाह, प्रेम-विवाह किया है और मुझे तरस आ गया है कि कन्हैयालाल की बूढ़ी पत्नी कैसी बेहूदा-फूहड़ बात कहती है। खैर, यह तो ऊपरी बात हुई लेकिन मैं अकसर पाता कि अन्दरूनी तौर पर भी हम सभी लोगों में कहीं पिछड़ेपन की भर्त्सना का भाव अँकुरा रहा है। वैसे अम्मा की प्रीतिकर, सुन्दर, गोरी मुखाकृति पर अमरूद के प्रसंग में हमेशा भय की व्याप्ति हो आती थी।

सत्तावन की बरसात में अकस्मात् एक दिन मिद्दू ने सबको दौड़-दौड़कर बताया कि अमरूद में तीन-चार सफेद फूल आ गए हैं। मिद्दू की उमर बढ़ रही थी, उसकी आकृति पर वय का ओप चढ़ रहा था। अमरूद बढ़ने में कहीं उसे अपने विकास की सी सन्तुष्टि अनुभव हुई होगी। वह खुश थी। बरामदे की खिड़की पर तेज बारिश में हम लोग छोटे-से पप्पू को खड़ा कर यह बताते कि 'वो देखो पप्पू बेटे, अमरूद का फूल'। 'अमरूद ता फूल'। मैं सोचता कि कहीं पानी के झोंकों में नरम फूल टूट न जाएँ। बहुतेरे फूल टूटे भी, लेकिन उनकी जगह नए फूल आते गए और फिर जल्दी से बीत जानेवाले सुखद दिनों में, छोटे-छोटे अमरूदों में बदल गए।

मुझे लगा कि हमारे घर के सामने का यह अमरूद हमारी जिन्दगी का एक घरेलू हिस्सेदार होता जा रहा है। घोष बाबू के माली ने माँ को बताया कि पहली फसल के फल तोड़कर फेंक देने से दूसरी बारी में फल खूब और अच्छे आते हैं। अमरूद और नींबू के साथ बात खास लागू होती है। माँ ने विजय से कहकर अमरूद की पहली फसल बड़ी दिलचस्पी से पूरी बाढ़ के पहले की तुड़वाकर फिंकवा दी थी। यह बात आसानी से महसूस की जा सकती थी कि माँ में विराट मातृव्य है और वह भविष्य के लिए प्रतीक्षा कर सकती है, उसी तरह जैसे हर माँ अपनी सन्तान के लिए दीर्घ प्रतीक्षा किया करती है और फिर भी उसको अपना स्वप्न अधूरा लगता है। जो भी हो, मुझे प्रसन्नता हुई कि अपशकुनी विश्वासों की जहरीली छाया हमारे कोमल मीठे अमरूद तरु पर नहीं पड़ी।

तोते का पिंजरा सुबह दरवाजा खुलने के साथ ही अमरूद की एक छोटी-सी टहनी पर टाँगा जाने लगा था। वह दोपहरी तक उस पर टँगा रहता। चुन्नू, मिद्दू और पप्पू ने फुर्ती ने नाजुक फुनगियों तक चढ़ने की माहिरी इसी पेड़ से प्राप्त की। दशहरा, दीवाली, तीज-त्योहार पर दीदी की जीभ जब सूरन खाने को ललचती तो अमरूद की पत्तियों में सूरन पकाकर स्वादिष्ट बनानेवाली जरूरत की पूर्ति भी वही पेड़ करता था। कहते हैं कि अमरूद की पत्तियों में सूरन को पकाने से सूरन गले में काटता नहीं है। लगने लगा था कि अमरूद का पेड़ ज्यों हमारी एक बड़ी सुविधा है या हमारे अन्दर आत्मीयता को निरन्तर धनिक बनानेवाला कोष।

दूसरे बरस के जाड़े में पेड़ खूब लदा-फँदा था। अमरूद गोल, छोटे मगर ललछर चित्तियोंवाली जात के थे। ढेपियाँ मुलायम होते ही लोग उन्हें तोड़ लेते और पूरे जाड़े जी भरकर घर के टमाटर और अमरूद का सलाद खाया गया। सुग्गे के लिए कई महीने खूब पके अमरूद उपलब्ध होते रहे और बाहर के मेहमान हमारे घर के अमरूदों में इलाहाबाद के अमरूदों की प्रसिद्धि का इत्मीनान कर लेते थे।

यह बात मुझे बहुत रोमांचित करती थी कि हमारे घर तथा निकटतम सम्बन्धियों के यहाँ नई पीढ़ी काफी बड़े अनुपात में आधुनिक हो चली है। मुझे मन:स्थितियों

और वातावरण की इस तब्दीली का अध्ययन बड़ा सुखद लगा। हममें दृष्टिकोण की उदारता परिलक्षित होती और किसी भी घटना या आकस्मिकता या एक संकीर्ण परिस्थिति को हम लोग अनहोनी नहीं मानते थे। जीवन में सब सहज है, सब सम्भव। अमरूद की छाया में बेंत की कुर्सियों पर बैठ चर्चाएँ कर-करके हम तीन-चार भाई-बहनों ने अपने उम्र के फर्क को दोस्ताना हरकतों से भर दिया। प्राय: बैठकर, नए-नए विषयों को कुरेदकर, कभी ताप और उग्रता के वशीभूत होकर भी बातचीत करना, तेजी से हम लोगों के मनोरंजन और दैनिक निर्वाह का एक अंग होता जा रहा था। मैंने महसूस किया कि घर के बुजुर्गों के बारे में हम लोग अकसर तुर्श भी हो उठते हैं, लेकिन हमें इस बात की निश्चिन्तता थी कि ऐसा होने में अवांछनीय कुछ भी नहीं है, अपितु यह अच्छी बात है। नई चीजें यूँ ही बनती हैं। जैसे अमरूद का पेड़ हम लोगों के बीच अपशुकन के आरोपों को नष्ट करता हुआ धीरे-धीरे बना और वह अब पूरे परिवार का एक खूबसूरत हिस्सा हो गया है।

अमरूद फलता-फूलता रहा और अब पप्पू ने एक निहायत छोटा-सा झूला भी उस पर डाल दिया। इधर हम भाई लोग धीरे-धीरे अलग-अलग शहरों के भूगोल में जुदा तरीकों की नौकरी के लिए बँटने लगे। यह कोई असामान्य बात नहीं थी, सिवाय इसके कि घर से अलग होने में थोड़ा-बहुत मानसिक क्लेश सबको होता था। जिस दिन मैं नौकरी पर जा रहा था, माँ रो रही थीं इसलिए मैं शीघ्रतिशीघ्र घर छोड़कर निकल जाने को तत्पर था। जमुना पुल पर डूबी हुई साँझ में नदी पर से भारी मन गुजरते हुए सबसे ज्यादा माँ और अमरूद के पेड़ की याद आई। माँ की याद इसलिए क्योंकि वह दुर्बल हैं और हम लोगों को न समझ पाकर क्रमश: जड़ होती जा रही हैं और अमरूद की याद इसलिए कि उसके माध्यम से मैं अपने अन्दर एक जागृति का भान करता रहा। अमरूद का पेड़ मुझमें प्रतीकों का निर्माण किया करता और फिर एक नए संसार की कल्पना में मैं निमग्न हो जाता। इस ट्रेन यात्रा में और अनेक बार मैं इस नए संसार में डूबकर शक्ति और आत्मसन्तुष्टि पाता रहा हूँ।

अमरूद के पेड़ के प्रति समर्थन और राग मेरे मन में यूँ भी एकत्र हो आया क्योंकि बाद में कई लोगों ने घर के सामने अमरूद होने को अशुभ बताया और पेड़ को तुरन्त कटवा देने की सलाह दी। माँ पर छा जानेवाला स्वाभाविक भय हमें नागवार गुजरता क्योंकि ऐसा लगता जैसे माँ हम लोगों के अन्दर पैदा होनेवाले नए और बलिष्ठ खयालों के प्रति असहयोग कर रही हैं। जब-जब अशुभ के ठेकेदारों ने अमरूद की बाबत कुछ कहा, घर के हम सब बच्चे क्षुब्ध हो उठते थे। वस्तुत: यह गुण हमें हमारे बुजुर्गों से ही मिला था। इस निर्णय पर हम लोग तब पहुँचे जब एक समाजशास्त्रीय बोध हमें स्पर्श करने लगा था।

जीवन नए अनुभवों में गुजरने के मध्य व्यतीत होता रहा। मिद्दू ने राखाल के साथ कुछ अमरूद भिजवाए थे और खत लिखा था कि 'इस बरस जबकि अमरूद भरपूर आया है, कोई घर पर नहीं है।' तथा नम कर देनेवाली जज्बाती बातचीत के कई नाजुक टुकड़े। पिता जी की चिट्ठियाँ हमेशा ही कुछ दूसरे प्रकार की रही हैं। उनमें एहसास की चादर ओढ़ने का प्रयत्न या दबाव रहता है। मैं देखता हूँ कि थोड़े समय में ही दुनिया में बहुत परिवर्तन हो गया और यह परिवर्तन तेजी से दूसरे परिवर्तन की भूमिका बनता जा रहा है। बड़े-बड़े घातक शरीर-दुख मामूली और अचिन्तनीय हो गए हैं और पिता जी लिखते हैं कि 'माँ के बाएँ फेफड़े में जो धब्बा था वह पुनः उभर आया है, यह सब किसी अशुभ ग्रह-नक्षत्र का दुष्परिणाम है। शायद हम लोगों के बुरे दिन आ गए हैं।' लेकिन मैं जानता हूँ कि अब यक्ष्मा बहुत आसान है और कहानियों में भी पात्रों का यक्ष्मा से ग्रसित होना, लोगों को द्रवीभूत नहीं कर पाता। अच्छे सम्पादक ऐसी कहानियों से ऊब गए हैं और उन्हें लौटाना ही श्रेयस्कर समझते हैं। फिर मृत्यु भी आज इतनी असह्य नहीं रह गई है। दुख शरीर से मन पर सिमट आया है। पिता जी ने एक बार यह भी लिखा कि 'सबसे बड़े भाई चूल्हे-चौका अलग करने के लिए एक तनाव पैदा कर रहे हैं। बड़ी चखचख है। बहू ताजी रोटियाँ तो खुद खा जाती है और बासी हम लोगों के लिए रख देती है। तुम क्या जानो, हम लोगों का जीना मुहाल हो गया है। इधर तुम्हारी माँ अमरूद का पेड़ काटने को कहती हैं। सब लोग उसे अशुभ बता रहे हैं। आदि-आदि।' यह एक दुखद प्रसंग था। हालाँकि मैंने अमरूद न काटने की अपनी बात पर ही जोर देनेवाली एक चिट्ठी माँ को लिख दी थी।

राखाल हमारे पेड़ के जो अमरूद लाया था वे बाजारू अमरूदों की सुन्दरता से बहुत भिन्न होकर भी स्वादिष्ट थे। अमरूदों के और दोस्तों के बीच अच्छा समय गुजारते हुए मैं किंचित् भावुक हो आया। मुझे वे दिन याद आने लगे जब हम छोटे-छोटे थे और सुबह, दिन-दोपहरी दूसरे बँगलों की चारदीवारियाँ कूदकर अमरूदों की चोरी किया करते और पकड़े जाने पर बुरी तरह गिड़गिड़ाया करते। आज हमारे घर में भी अमरूद का पेड़ है तो एक अजीब-सा गौरव होता है—यह कि जिसके घर अमरूद नहीं होंगे, वे बच्चे ईर्ष्यालु हो गए होंगे, हमारी चारदीवारी कूदते होंगे। अमरूद के इस पेड़ की वजह से रफ्ता-रफ्ता पप्पू के बहुत से नन्हे-मुन्ने दोस्त हो गए हैं, ऐसा अम्मा ने लिखा था और भौजाई से उसे इस बात की बहुत डाँट पड़ती है कि वह क्यों तबीयत का राजा हो गया है, जिसे चाहे अमरूद लुटाया करता है!

अपने इस अमरूद के पेड़ के सम्बन्ध में कभी-कभार फैशनवाले ढंग से भी मैं सोचा किया हूँ। होटलों के लॉन में लगे, बैठनेवाले को सुखद छाँह देते हुए, रंगीन छातों की छाया मेरी आँखों में अकसर उभरी है। हमारा अमरूद का पेड़ एक हरा छाता। एक डँगरा-सा फलता-फूलता पेड़, अनुपातहीन डालें नहीं बल्कि एक सँवरापन।

जब घर जाने को पहली छुट्टी मिली तो मन बेहद आतुर हो गया। सुख तन-मन पर एक दशहत की तरह सवार था। फिर अँधेरे जमुना-ब्रिज से गुजरती हुई गाड़ी ने उत्तेजित कर दिया और रात के सन्नाटे में एक अभूतपूर्व रोमांच के साथ मैंने अपने प्यारे शहर को देखा। वह रात उजाले की प्रतीक्षा में उड़ी हुई नींद की एक सुखद पर बेचैन रात थी। पता नहीं, एक अजीब भयानक-सी विराटता के खयाल मन पर छोटे-छोटे टुकड़ों में बनते-बिगड़ते रहे। जैसे नगर इलाहाबाद की आत्मा में बहुत क्रान्ति है। अपने आप लोग काम कर रहे हैं, बुद्धियाँ किसी नए रचनात्मक परिवेश के लिए सक्रिय हैं। स्थूल के नाम पर यह शहर परम शून्य है। लेकिन धँसने पर...। शायद मैं बहुत व्याकुल था।

तड़के उठकर मुझे इस बात का बड़ा खेद हुआ था कि शायद हमारे प्रति घर के बड़ों में कोई स्वागत भाव नहीं है। ऐसी स्थितियों में मुझे बारम्बार अवनीन्द्र बाबू का वह चित्र याद आ जाता है जिसमें एक बूढ़े पेड़ की आत्मा अपने को तोड़ देने के प्रयत्न में सुखी है क्योंकि उसे यह जानकारी है कि उसकी घेर में एक नवल तरु उग आया है। यह बात उतनी बुरी नहीं थी कि अमरूद के पेड़ को काटकर उसकी जगह एक ओर गुलदाउदी और दूसरी ओर केले की क्यारियाँ बना ली गई हैं बल्कि चुनौती इस बात की थी कि हम लोगों में जब धीरे-धीरे जिन्दगी की बुलन्दी विकसित हो रही थी, तभी माँ को रूढ़ि और अशुभ के मिथ्या भय ने पराजित कर दिया। शायद माँ की हम सन्तानें उन्हें अशुभ से लड़ सकने की अपनी सामर्थ्य का आश्वासन नहीं दे सकी थीं। मैंने पाया कि वह भय जो माँ के चेहरे पर क्षणजीवी हुआ करता था, अब गहरा गया है। माँ का मन यह मान बैठा था कि बड़ी बहू की अलगाव-भावना, सबसे छोटे का निठल्लापन, खुद उनकी बीमारी और लोगों का धन्धे से बिखर जाना और कुछ नहीं है, बहुत दिनों तक दरवाजे पर उसी अमरूद के पेड़ के लगे रहने का दुष्परिणाम है जिसे काफी पहले ही लोगों ने अशुभ बताया था।

कुछ देर बाद मैंने साधारण तौर पर अमरूद की बाबत माँ से पूछा तो मिद्दू के गुस्से को सहारा मिला। उसकी कंडैल-सी आँखों में एक छोटा-सा तूफानी झोंका उठा, बैठ गया। उसका मुँह फूल गया था। मेरे लिए तसल्ली बस इतनी थी कि मुझे उसका क्षोभ अच्छा लगा, क्योंकि यह क्षोभ मौजूदा सामाजिक परिस्थितियों में निहायत जरूरी है और क्योंकि यह जीवन का परिष्कार करता है, बशर्ते इस क्षोभ का संस्कार हो और उसे स्वयं पोसा तथा सहा भी जा सके। अम्मा ने मेरे प्रश्न का अपने ढंग से ठीक जवाब भी दिया। शायद उन्हें भी दुख था—बहुत दुख, इसलिए कि हम दुखी थे। मिद्दू गुस्सा थी। इसलिए नहीं कि उनसे कोई गलत काम हुआ है।

सूरज पिछवाड़े के पीपल के ऊपर आ रहा था और जहाँ अमरूद की जड़ थी वहाँ धूप का एक चकत्ता तेजी से बड़ा होता दीख पड़ा।

बगूगोशे

स्वदेश दीपक

कॉलेज से लौटा तो माँ बरामदे में बिछे तख्तपोश पर सोई हुई थी। वह मुँह पर दुपट्टा लपेटे जब चाहे, जहाँ चाहे सो जाती है। कई बार सोचा कि पूछूँ—क्या नींद उसके दुपट्टे में छिपी बैठी रहती है! पूछा नहीं। जब कोई बात समझ न आए तो गाली देती है। उसके पास औरत-मर्द की गालियों का अगणित खजाना है।

वह बीचवाले बेटे के पास रहती है। जब भी आएगी बिना इत्तला किए। उसे न लिखना आता है न पढ़ना। बेटे से खत लिखने को कहे तो एक ही जवाब, "क्या करोगी वीरजी के पास। उस घर में सारे अंग्रेजी बोलते हैं। यहाँ कोई तकलीफ है क्या?"

"मोया, बहुत जिरह मत किया कर। यह तकलीफ मोई बीच में कहाँ से आ गई। बड़े काके की याद आ रही है कहीं बीमार न हो!"

माँ जिन वक्तों की है तब गिनकर बच्चे पैदा नहीं किए जाते थे। बच्चे सालाना फसल। मुझसे पहले शायद दो मर गए थे। मैं जनमा तो उसने तहैया कर लिया कि मरने नहीं देगी। सारे देवी-देवताओं की मदद ली बचाने के लिए। गले में ताबीज, कलाइयों पर रंग-बिरंगे धागे। कोई देखने आए तो चादर से ढाँप देती और कहती, "काका सोया है। फिर देख लेना।" पिता जी बाद में मजे लेने के लिए हमें माँ की हरकतें बताते-सुनाते थे।

"जब कोई आए तो इसे देखने क्यों नहीं देती। मेरी बहनों को भी...।"

"नजर लगवानी है! मारना है! तुहाड़ी भैणाँ तो पक्की डायनें हैं। आँख भर देख लें तो फूल मुरझा जाएँ। कुछ हो गया तो पहले सबको जहर दूँगी फिर खुद खा लूँगी।"

"मत बका कर वाही-तबाही हर वक्त। कुछ नहीं होगा इसे। देखने दिया कर। लोग उलटी-सीधी बातें..."

"यह इसे-इसे क्या लगा रखा है। कोई मीठा-सा नाम रखो। किस काम आएगी पढ़ाई तुम्हारी! और कान खोलकर सुन लो। नाम छोटा हो, सुनकर कानों में मिश्री घुल जाए।"

पिता तब के मैट्रिक पास थे। अनपढ़ रिश्तेदारों के लिए वे बहुत पढ़े-लिखे थे। पिता जाने-माने हकीम थे। दूसरी सुबह मरीज आने से पहले माँ को पास बैठाया।

"सोच लिया काके का नाम-सार्थक।"

माँ उन्हें फटी-फटी आँखों से देखती रही। फिर फट पड़ी।

"यह अरबी-फारसी का नाम किसी और का रखना। सार्थक। हुँह!"

"बीबी, सार्थक हिन्दी का लफ्ज है। बड़ा अच्छा मतलब। दो-तीन दिन में मुँह पर चढ़ जाएगा। और बता देना सबको मेरी तरफ से। किसी ने नाम बिगाड़कर बोला तो टाँगें चीर दूँगा। कोई माँ का यार सथ्थू कहेगा, कोई सथ। चीजें बिगाड़े बिना पंजाबवालों को चैन नहीं मिलता।"

माँ जानती थी पिता सचमुच टाँगें चीर देगा। कोई बार चीर चुका है। रोज शाम घोड़े पर सवार हो वह दुश्मन रिश्तेदारों का खोजने निकल पड़ता है।

नाम रखनेवाले दिन, पूजा के बाद माँ ने हाथ बाँध सबको चेतावनी दी, "मेरी एक अरज है। पूरे ध्यान से सुन लो। काके का नाम सार्थक है। बिगाड़कर कोई न बोले। हकीम साहब का हुकुम है। उन्हें क्रोध आ जाए तो रब्ब भी राखा नहीं।"

हाथ बाँधने के पीछे खड़ी धमकी सबने देख ली थी। मैं बंटी, टीटू वगैरह बनने से बच गया।

मेरी शादी के कुछ दिनों बाद माँ आई तो पहला सवाल पूछा...

"घरवाली तुझे क्या कहकर बुलाती है?"

"सार्थ?"

"क कहाँ गया? उसे हिदायत कर दे। पूरा नाम पुकारे। तेरे स्वर्गवासी पिता को वहाँ भी क्रोध आ जाएगा। बड़ा हरामी मर्द था। स्वर्ग से भी कुछ कर बैठेगा और देखो, पढ़ी-लिखी को। नाम ही छोटा कर दिया।"

मैं चुप रहा। माँ से कभी बहस नहीं करता। उसे समझाता ही कैसे कि शरीर जब उत्तेजित हो तो सबसे पहले नाम ही छोटा होता है।

सोचा जब तक माँ सोई है चाय बना डालूँ। कुर्सी हिलने की आवाज से जाग गई। पैर छुए। 'जीन्दा रह, लम्बी उम्रें हों' के बाद पूछा, "तू कमजोर क्यों हो गया?"

"माता, वजन पहले से बढ़ गया है।"

"वजन मोए को मार गोली! चेहरा तो मुरझाए फुल्लों जैसा है। सुन, कहीं घरवाली के साथ बहुत सोता तो नहीं। कमजोरी आ जाती है।"

माँ किसी भी विषय पर बात कर सकती है। दिन में दो बार रेडियो पर दसियों बरसों से खबरें सुनती आ रही है। और तो और उसे अमेरिका और रूस की गुंडई के बारे में भी सब कुछ पता रहता है।

सोचा, माँ को छेड़ा जाए। अरसा हो गया उसके मुँह से श्लोक नहीं सुने। श्लोक–हमारे पंजाब की रसीली गालियाँ।

"माता, मैं तो उसके पास से गुजरता भी नहीं, लेटना तो दूर..."

"तू पढ़-लिखकर भी खोटे का खोटा रहा। औरत तब तक ही खुश रहती है जब तक मर्द साथ बिस्तरे में हो। बाद में तो कटखनी बन जाती है।"

"छोड़ माता। दूध दूँ कि चाय बनाऊँ?"

माँ के चेहरे पर एकदम चिन्ता उग आई। डरी आवाज में पूछा, "काका! तू सबकी तरह पूरी नौकरी क्यों नहीं करता? लोग शाम को काम से लौटते हैं, तू दस बजे घर। न पुत्तर। अक्ल कर। निकाल दिया तो क्या करोगे? पहले थोड़े दुख पाए हैं। मर्द बेकाम हो जाए तो उसके सारे गुण बेकार। सबकी आँखों में चुभता काँटा।"

"माता, कुछ पता न हो तो चुप रहते हैं। मैं एम.ए. क्लास को पढ़ाता हूँ। एक-एक घंटे के दो पीरियड।"

"ठीक कहा। अंग्रेजी वाले हमेशा कम काम करते हैं। कुछ और काम कर लिया कर। देह में जंगाल लग जाएगा।"

मेरे पास बैठते ही माँ का हिदायतनामा शुरू हो जाता है। छोटा था तो उसे सारे मौसम मेरे शत्रु लगते थे। गरमी में बाहर मत निकल, लू लग जाएगी। लू लगने से तेरा चाचा पागल हो गया था। सर्दी में निमोनिया हो जाएगा। साल भर पड़ा रहेगा बिस्तरे में। एक बार पूछा था, "माता मैं बाहर कब निकलूँ।"

"बस, तू मेरे पास बैठा रहा कर। दोनों बातें करेंगे। यह औरतें बड़ी हरामी होती है। कैसे आँखें फाड़ तेरा रूप-रंग देखती हैं। किसी ने जादू-टोना कर दिया तो इसका इलाज तो हकीम साहब के पास भी नहीं। मेरी बात गाँठ बाँध ले। बड़ा होगा तो तेरा नुकसान औरतें ही करेंगी। मर्द पैदाइशी बेवकूफ होते हैं। किसी की कभी नहीं मानते। हमेशा अपने दिल की सलाह मानेंगे।"

चाय बनाने के लिए उठा तो माँ ने समझाया।

"काका, दूध भी खुला डालना और खाँड़ भी। मैंने काला उबला पानी नहीं पीना।"

चाय बनाते हुए सोचा कि भाई-बहनों और सगों की माँ का इतना बोलना हमेशा बुरा लगता है। सिर दुख जाता है। लेकिन मैं जानता हूँ उसके अन्दर बहुत सारे किस्से-कहानियाँ चौकड़ी मारकर बैठे हैं। फिर वह दुनिया जहान के बारे में बहुत-कुछ जानती है। दोनों वक्त रेडियो पर खबरें सुनने की आदत है। जब आदमी चाँद पर पहुँचा तो उसे पहले पता चला, हकीम साहब को बाद में। वह हिकमत का कोई पोथा पढ़ रहे थे तो माँ ने बताया, ''सुना कुछ। आदमी चाँद पर पहुँच गया।''

''आदमी चाहे चाँद पर रहे चाहे जमीन पर। मिलने तो उसे तकलीफ और दुख ही हैं।''

''आप भी बात का स्वाद बिगाड़ देते हो। हो सकता है चाँद पर कोई काम न करना पड़े। शादी न करनी पड़े। बच्चे हों ही न! फिर दुख कैसे होगा!''

''तू रही जाहिल की जाहिल। जहाँ आदमी होगा, वहाँ सब काम होंगे!''

मुझे माँ की बोलने की आदत अच्छी लगती है। वह बीते वक्तों की बातें करती है तो कई बार बचपन की छवियाँ रूप धारण कर लेती हैं।

चाय के साथ बिस्किट रखे। उसने उँगलियों से दबाकर देखे।

''काका सख्त हैं।''

''चाय में डुबोकर खाओ।''

माँ के दाँत नहीं।

कई बार कहा, लगवा देता हूँ। बस एक ही जवाब, ''लगवाए थे हकीम साहब ने। सारा दिन छलाँगते रहते और दन्दसाज को वजनी गालियाँ निकालते रहते। एक रगड़वाकर आते तो दूसरा चुभने लगता। हारकर दाँत कमीज की जेब में रख लिये। कोई आता तो झट से लगा देते। और फिर हाय-हाय शुरू। एक बार सलाह दी, ''मारो गोली दाँतों को। अब आपने कौन किसी औरत को काटना है।''

''न बोला कर वाही-तबाही हर वक्त। पोपले मुँह वाले के पास मरीज नहीं आते।''

''हकीमजी, मरीज तो आते हैं, मरीजनें नहीं आतीं।''

हकीमजी ने हाथ जोड़ दिए थे, ''तुझसे कौन पार पा सकता है!''

माँ के पास जिन्दगी से कमाए सच हैं। केवल किताबी सच नहीं। उसकी बातें सुनना शुरू से अच्छा लगता है। भाई-बहनों का दोष है कि वह अकसर क्यों और क्या पूछ लेते हैं। और माँ बिना सन्दर्भ के बात शुरू कर देती है। शिक्षित होती तो जरूर अकविता लिखती।

''काका, तू ठूठा तो नहीं पीता?''

शराब के लिए ठूठा शायद माँ का अपना बनाया शब्द है। उसकी तरफ देखता रहा। माँ को बोलकर जवाब देना जरूरी नहीं। सर हिलाने से जवाब समझ जाती है।

''मत पीना। छोटा पीता है। कपड़े देह पर लटक गए हैं। मुँह पनवाड़ियों जैसा।''

माँ के पास हैरतअंगेज उपमाओं का खजाना। बहुत सारी उपमाएँ वह खुद बना लेती है।

चाय बना प्याला मेज पर रखा। उसने टटोलकर उठाया।

''नजर बहुत कमजोर हो गई। चाय पी ले। नई ऐनक बनवाते हैं।''

''नहीं बनवानी–तीन तो तोड़ चुकी हूँ। उतारकर रखो तो मिलती ही नहीं। तेरे पिता थे तो तलाश देते थे। बुड़-बुड़ जरूर करते थे। पोथियाँ पढ़ने में हर्ज जो होता था। नाक फुला कहते थे–बच्चा सँभालना नहीं आता हो तो पैदा नहीं करना चाहिए। एक बात कहूँ तुझसे। बड़ा कड़ियल मर्द था। किसी से नहीं डरता था। भगवानजी से भी नहीं। सारी उमर मन्दिर में पैर तक नहीं रखा। लेकिन मुझे पूजा करने से कभी रोका-टोका नहीं।''

पिता की कद-काठी अब भी मेरी आँखों में बसी है। बिलकुल तराशा हुआ जिस्म। एक बार खुद बताया था कि कमर जितने इंच बीस साल की आयु में थी, इतनी ही साठ साल की आयु में है। डरने के बारे में पूछा तो समझाया था–डर सबसे पहले आँखों में दिखाई देता है और दुश्मन को झट से पता चल जाता है। आँखों में हथियार दिखाई देना चाहिए।

पिता बहुत कम बोलते थे। जब कभी गुस्सा आता, गालियाँ नहीं देते थे। बस आँखें पूरी खोल निशाना साधते और एक दैत्य में बदल जाते। छोटे थे तो हमारे लिए उनकी आँखें शस्त्रागार थीं।

गेट खुलने की आवाज हुई। जानता हूँ, कॉलेज की लड़कियाँ-लड़के हैं। खाली पीरियड में चाय पीने और बक-बक करने आ जाते हैं। घर कॉलेज से चार कदम पर है। आशी, कुलू, रेखा हैं। बलजीत भी। आशी मुँहलगी है, सीधा सवाल पूछा, ''हू दज दिस ओल्डी सर?''

''माई मदर।''

''वी विल काल हर दादीजी।''

पहले आशी ने माँ के पैर छुए फिर बाकी सबने। माँ गद्‌गद हो गई। आशी से पूछा कि क्या पढ़ती है!

''दादी, इंगलिश। सार्थक सर पढ़ाते हैं।''

''काका, ठीक भी पढ़ाता है कि नहीं!''

''पढ़ाते तो ठीक हैं। लेकिन इंगलिश ठीक नहीं बोलते।''

''हट मोइए। मेरा बेटा तूफान मेल गाड़ी बन जाता है, जब अंग्रेजी बोलनी शुरू करे।''

आशी किसी से छेड़-छाड़ करने से बाज नहीं आती।

"दादी, आपके दाँत कहाँ गए चूहे तो नहीं ले गए?"

"झल्ली बेटी, उम्र बढ़ने के साथ अंग-अंग धोखा देने लगता है।"

"मैं आपके नए दाँत लगवाऊँगी। मेरे पापा डेंटिस्ट हैं।"

" न जी, मैंने नहीं लगवाने दन्द-शन्द। काके के पिता ने लगवाए थे। दर्द छलाँगें मारता रहता था।"

रेखा ने पूछा, "दादी, कुछ खाओगी?"

"हाँ, थोड़ी भूख तो है। कुछ नरम-सी चीज खिलाना।"

"सर, डज शी टेक एग्ज?"

"एस! व्हाट विल यू मेक?"

"जस्ट वेट एंड सी।"

रेखा कुलु के साथ किचन में चली गई। माँ ने बलजीत से कहा–

"काका, दिल लगाकर पढ़ा कर। तभी बड़ा आदमी बनेगा।"

आशी–"दादी, यह बिलकुल नहीं पढ़ता। बस लड़कियाँ देखता रहता है।"

माँ–" आशी रानी। जब लड़कों को रातों को नींद आनी बन्द हो जाए तो समझ लो उनके दिल में लड़की ने घर बना लिया।"

आशी ने मुझसे पूछा, "दादी को नए सीरियल का कहानी सुनाएँ?"

मैंने कहा कि सिर्फ एक एपीसोड, पूरा सीरियल नहीं।

रेखा माँ के लिए अंडे और सबके लिए चाय लाई। माँ ने अंडे का टुकड़ा मुँह में डाला और हैरानी में बदल गई।

"यह कैसा अंडा है काकी! मुँह में रखते ही पिघल गया।"

"दिस इज स्क्रैमबल्ड दादी।"

"यह क्या होता है!"

सब मेरी तरफ देखने लगे। माँ को बताया कि ऐसा अंडा दूध में बनाते हैं।

बलजीत–"दादीजी, आशी से गाना सुनो। बहुत अच्छा गाती है।"

आशी की खासियत है कि वह गाने के लिए मिन्नतें नहीं करवाती। पंजाबी गीत सुनाना शुरू किया, "गुड नालों इश्क मिट्ठा।"

सुनने के बाद माँ ने कहा, "आशी बेटे, तू तो गुणों की खान है। सोहणी ते स्यानी दोनों, तेरे काबिल दूल्हा कहाँ से मिलेगा।"

आशी की आँखों में चमक। समझ गया बकेगी।

"दादीजी, लड़का तो है। बस आप हाँ कर दें तो..."

"ऐसा कौन-सा लड़का! मैं भी तो सुनूँ।"

"आपका बेटा सार्थक सर!"

“चल मोइए! काके की शादी तो हो गई।”

“तो क्या हुआ? मैडम नौकरी करेंगी, मैं इन्हें कहानियाँ सुनाऊँगी।”

“जब मरद को पराई औरत की कहानियाँ अच्छी लगने लगें, तो वह खुद कहानी बन जाती है। दुखों की कहानी।”

तब नहीं जानता था कि माँ मेरा भविष्य बता रही है।

माँ ने मुँह पर दुपट्टा डाला और सो गई। डूबते सूरज की इस उमर में कभी भी नींद आ जाती है। शरीर एक लगातार लम्बी नींद की रिहर्सल कर रहा होता है।

मुझे पहले हैरत हुई, फिर दशहत, जब आशी शर्मा की मीठे सन्दर्भों में कल्पना करने लगा। खुद को गाली दी और वह गायब हो गई। लड़कियाँ गालियों से बहुत डरती हैं।

उठा। पपीते की फाँक के छोटे-छोटे टुकड़े किए। अँगूठे से दबा पिचकाए। अब माँ को खाने में मुश्किल नहीं आएगी। टुकड़ों पर थोड़ी मलाई भी डाल दी।

माँ ने दुपट्टा हटाया। पपीते का टुकड़ा मुँह में डाला।

“काका, तू खा। बड़ा स्वादी है।”

“मैं मीठा नहीं खाता।”

“इसी वास्ते मीठा बोलता भी नहीं। मत रहा कर हर वक्त क्रोध में। सारा खून जल जाता है। छोड़, तुझे क्या समझाना। तेल पर पानी टिकता है कभी?”

मैं चुप रहा।

“एक बात बता। तू आशी का हाथ तो नहीं पकड़ता ना!”

मैंने उसे लगातार देखा। जान गई बुरा मान गया हूँ।

“काका, नाराज होने की क्या बात है? मरद को कुदरत ने बनाया ही बदमाश है। तन का हर हिस्सा जवाब दे जाए, फिर भी औरत की हवस नहीं जाती। अब हकीमजी साठ के ऊपर थे। भरे घड़े की तरह छल-छल करती औरत आई दवाई लेने। उसे पेट-दर्द था। आँखों से बातें कर रही थी। हकीमजी बड़ी देर उसकी कलाई पकड़ बैठे रहे। बाग-बाग हो गए थे। उसके जाने के बाद मैंने पूछा था–

“‘क्यों जी, दर्द तो उसके पेट में था। आप हाथ पकड़े बैठे रहे?’”

“यूनानी हिकमत में नब्ज देखने से बीमारी का पता चलता है।”

“मेरी नब्ज तो कभी नहीं देखी। सीधे दवाई दे देते हो।”

“बीबी, तेरी नब्ज तो भगवान भी देखें तो कुछ पता न चले।”

“मेरे स्याँणे हकीमजी, एक बात याद रखना। मरद जब धोती खोलता है तो खुद ही नंगा होता है।”

उसने पपीते के पीस खाने शुरू किए। फिर मेरी ओर देखकर बताया–

''रामलाल डाकिया पागल हो गया है।''

चुपचाप उसे देखता रहा। खुद समझाएगी।

''काका, तू हर महीने मुझे पैसे भेजता है। मनीऑर्डर देने डाकिया रामलाल आता है। घर के बाहर साइकिल खड़ी करता है। और शोर मचा देता है–'शोभारानी आ जा बाहर। रामजी के भेजे रुपए आ गए।' उसे हमेशा चाय पिलाती हूँ। बीड़ी के पैसे देती हूँ। अब कुछ महीनों से तेरा पढ़ाया भीम सिंह पैसे दे जाता है। एक दिन डाकिए ने घर के बाहर साइकिल खड़ी की। घंटी बजाई। आई तो उसने कहा, 'शोभारानी, तेरे रामजी रावण बन गए। अब नहीं भेजते मनीऑर्डर।' ''

मैंने माँ की ओर देखा। बिना बोले पूछा, ''फिर क्या हुआ?''

''तू तो जानता है। कोई तेरे खिलाफ बोले तो मुझे आग लग जाती है। रामलाल के सारे खानदान को मिठाई खिला दी–'ओए हरामी रामलाल! कुछ पता न हो तो मुँह नहीं खोलते। तेरा बाप अपने पढ़ाए लड़के के हाथ पैसे भेजता है। मेरा राम तो राम ही रहेगा!''

'' 'शोभारानी गलती हो गई। राम जी तो राम जी रहेंगे।' फिर उसे चाय पिलाई। बीड़ी के पैसे दिए। खुश हो गया मोया।''

पिता के मरने के बाद माँ ने एक बार रोका था रुपए भेजने से। हकीम उसके नाम बैंक में रुपए जमा करा गए थे। पन्द्रह सौ महीना मिल जाते थे। माँ की दलील थी कि मेरे छोटे-छोटे बच्चे हैं, उनका खर्चा...

सोचा उसका मुँह हमेशा के लिए बन्द कर दूँ।

''माता, मेरे मरने के बाद ही तुझे पैसे आने बन्द होंगे।''

उसने कान पकड़े।

''काका! कितने अंगारे हैं तेरे मुँह में। मीठे बोल भी बोल लिया कर। कभी-कभी एक चिनगारी से आग लग जाती है। सौ हाथ-पैर मारो, बुझती नहीं। तू तो हकीमजी से भी आगे है क्रोध में।''

तब मुझे पता नहीं था मेरे लिए भविष्यवाणी कर रही है। सात साल लम्बी आग। डॉक्टर तो दर, पीर-फकीर भी न बुझा पाए। तब सारे दृश्य कट गए थे।

मैंने माँ से पूछा, ''कुछ खाने को दूँ?''

''हाँ काका, बाजार से बगूगोशे ले आ। बड़ा दिल कर रहा है।''

मैं बिलकुल हैरान। यह शब्द पहली बार जो सुना है।

''बगूगोशे क्या? सीधा नासपाती कहो।''

''नाखाँ गोल होती हैं। बगूगोशे पूँछ की तरफ से लम्बे और रस ही रस। पिंडी में जब हकीमजी गुस्सा करते थे तो शाम को थैला-भर बगूगोशे ले आते थे। अब

औरत के अपने नखरे। न की तो समझाया था–'खा ले बीबी। शायद तेरी जीभ में कुछ मिठास आ जाए। है तो तू हथियारों का कारखाना।''

''मैंने तो कभी देखे नहीं।''

''तो पूछ लेना।''

''मुझे शरम आएगी।''

''कुछ पता न हो तो पूछने में शरम कैसी! मुझे छोटा रेडियो लगा दे। सबेरे से खबरें नहीं सुनीं।''

उससे ट्रांजिस्टर शब्द आज तक नहीं बोला गया।

मैं फलों की दुकान पर गया ही नहीं। फलवाले ने पूछ लिया कि बगूगोशे क्या होते हैं? तो क्या ले जाऊँ माँ के लिए? छोले-कुल्चे खरीदे। पहले की तरह इस बार भी सोचा जरूर कि माँ हमारे पास रहती क्यों नहीं! आएगी बाद में और जाने की तैयारी पहले।

दरअसल, उसका इस घर से संवाद आज तक नहीं बना। वह ठहरी बातों की बादशाह! और पढ़-लिखकर हमें बात करने की जुबान नहीं आती। बहुत-कुछ हाँ और न से ही निपटा लेते हैं। हमारी नदियों का पानी सूख गया था। माँ के लिए हम विदेशी हो गए थे। उसके दिल के अन्दर सात समन्दर थे और हमारा सारा पानी रेत में गायब। आधुनिक हो गए लोगों के लिए बतरस वक्त जाया करना है। उसे बातों का हुनर हासिल है। लेकिन बेहद बेरहम वक्त में जी रही है। उसे हमेशा एक जादुई समय की तलाश रहती है। खुलकर हँसना। खुलकर रोना। हमारे पास क्योंकर रह सकती है। दरवाजे हमेशा अन्दर से बन्द रहते हैं।

माँ को प्लेट में छोले-कुल्चे दिए। उसने देखकर पूछा, ''बगूगोशे नहीं मिले?''

जवाब नहीं दिया।

''तूने पूछा ही नहीं होगा।''

जवाब नहीं दिया।

उसने पहले छोले खाने शुरू किए।

''वाह भाई वाह! क्या स्वाद है! जीभ नाचने लगी। पिंडी में मिलते थे ऐसे छोले।''

रावलपिंडी वाले शहर का पूरा नाम कभी नहीं बोलते। माशूक के नाम की तरफ छोटा कर रखा है–'पिंडी।'

''और दे काका। मजा आ गया। तू क्यों नहीं खाता?''

सिगरेट जलाया। चुप रहा।

''हर वक्त उँगलियों में अगरबत्ती जलाकर मत रखा कर। अन्दर सड़ जाएगा।''

उसने छोले खाए, पानी पिया और पूछा, "अच्छा काका, तुझे याद है जवारहलाल की बहन का नाम?"

"विजयलक्ष्मी पंडित।"

"हाँ, बड़ी रूपवाली थी। मैं मिलने गई थी उसको।"

मैं थोड़ा डर गया–माँ बार-बार पीछे छूटी जिन्दगी में क्यों लौट जाती है! काल का अतिक्रमण तो अन्तिम समय में होता है। लगा वह खुद से बिछुड़ने लगी है। अतीत हो चुके लोगों से मिलना शुरू हो तो वर्तमान खत्मशुदा।

"क्यों मिलने गई थी?"

"काका, पाकिस्तान से उजड़-पुजड़कर आए। जवाहरलाल ने कुलछेतर कैम्प में तम्बुओं में रखा। दो बार देखने आया। तेरे पिता की सारी दवाइयाँ पिंडी रह गई थीं। फिर बुखार और जुकाम की दवाई लेने का किसी को होश कहाँ था! लोगों ने छोटी-मोटी दुकानें लगा लीं। लेकिन तेरे पिता को कोई काम नहीं आता था।"

"क्यों नहीं आता था?"

"काका, जमींदारों के बेटे थे। सारा दिन उँगली में कैंची की सिगरेट दबा कश खींचना और चुटकी बजा राख झाड़ना। कसरती बदन। गिनकर रोटियाँ खाने से उसका मांस पिघलने लगा। उसकी बड़ी हरी छतरी किसी ने चुरा ली। उसके शरीर को घुन लग गया और तपेदिक हो गया।

"मुझे कभी नहीं बताया..."

"बड़ा कठोर और कड़ियल आदमी था। दुख कभी नहीं बाँटता था। पिता की यह आदत तुममें भी है। मुझे समझाया–देख बीबी, तपेदिक को राजरोग कहते हैं। अव्वल तो इसका इलाज है ही नहीं। हो भी तो ठीक होने में बरसों लग सकते हैं। मैं कहता हूँ भाइयों के पास चली जा। बच्चे पल जाएँगे।"

"भाइयों के पास नहीं रहूँगी। उनके बच्चे आवारा बदमाश हैं। मेरे बच्चे बिगड़ जाएँगे। आप दाखिल हो जाओ अस्पताल में। मैं देख लूँगी।"

हकीमजी जब उदास होते थे तो बड़ी मुश्किल से जबान खोलते थे।

"बीबी, बहुत लम्बा सूखा पड़ा है। औरत के सर पर खाविन्द का साया न रहे तो रिश्तेदार कटखने हो जाते हैं। पाकिस्तान और पिंडी तो बस दुखद धरोहर हो गए। यादों का हाथ पकड़ बहुत दूर तक नहीं चल सकते। अब तुम्हारी और औलाद की जिन्दगी दुखों से ठसाठस भर जाएगी।"

वह पटियाला के पास टी.बी. अस्पताल में दाखिल हो गए। पाँच साल लगे ठीक होने में।

"तुमने क्या किया? कैसे पाला हम सबको?"

"कड़ी दुश्वारी के दिन थे। पीछे छूटी जिन्दगी सहारा तो नहीं बन सकती। किसी ने बताया, विधवाओं के लिए सरकार ने आश्रम खोला है। यहाँ की इंचार्ज कमला बहनजी को मिली। तब लोग दिल से दूसरों के दुख-दरद सुनते थे। थोड़ी देर चुप रहीं। फिर कहा, 'शोभारानी, तुम तो विधवा हो नहीं। कैसे दाखिल कर लूँ? तुम दिल्ली जाकर विजयलक्ष्मी पंडित से मिलो। औरतों को बसाने का सारा काम वह करती हैं।' "

माँ दिल्ली पहुँच गई। पूछा नहीं कैसे! उन दिनों बसें तो चलती नहीं थीं। और उँगली पर गिनी जा सकें महज इतनी गाड़ियाँ। पहुँच गई विजयलक्ष्मी पंडित की कोठी में।

"काका, उन दिनों लाइन में लग, एक-एक करके नेता को मिलने अन्दर नहीं जाना पड़ता था। नेता खुद बाहर आते थे। एक-एक की दुखों की कहानी सुनते थे। मैंने अपना नाम बता तेरे पिता की बीमारी और अस्पताल दाखिल होने की बात सुनाई। वह सोच में गुम हो गई। परेशान हो गई।

विजयलक्ष्मी, "आश्रम में तो विधवा को भरती करते हैं। तुम्हरा हसबैंड जिन्दा है शोभारानी।"

मैं, "बहनजी, है तो मरे बराबर। अस्पताल से छूटे न छूटे। मेरी हालत किसी विधवा से कम नहीं। चार बच्चे हैं। क्या खिलाऊँ! कैसे खिलाऊँ! भूख से मर जाने दूँ?"

वह गहरी सोच में डूब गईं। साथ खड़े आदमी से बोलीं कि शोभारानी ठीक कहती है। क्या करें? उस आदमी ने सलाह दी कि शोभारानी रहे बाहर। हसबैंड के ठीक होने तक इसे विधवा का वजीफा दिया जाए। फिर मुझसे पूछा। एप्लीकेशन लाई! कमला बहन जी ने अंग्रेजी में दरखास्त लिख दी थी। विजयलक्ष्मी पंडित ने पढ़ी। उस पर कुछ लिखा और मुझे समझाया।

"यह अपनी कमला बहन जी को देना। मकान किराए पर लेकर रहना होगा। सरकार की तरफ से सौ रुपए महीने की मदद मिलेगी। बच्चों को पढ़ाना जरूर। डरना बिलकुल नहीं। जब आजादी मिलती है तो साथ-साथ थोड़े दुख भी मिलते हैं।"

बरसों बीत गए माँ नहीं आई। बरसों बीत गए माँ के पास नहीं गया। मेरे सपने रिटायर हो गए। था तो पक्षी, जो उड़ नहीं सकता। मैंने माँ की खबर नहीं ली। मैंने

अपनी खबर भी नहीं ली। मैं मुँह से तौबा करता था लेकिन दिल से तौबा नहीं की थी। मेरा दोजख मेरे साथ। मेरा वास एक हौलनाक शिकारगाह में है।

भाई का खत अया है कि माँ को मिल लो, बस गई कि गई।

पहुँच गया। छोटी बहन ने माँ की चारपाई के पास कुर्सी रखी। बैठ गया। छोटी बहन ने कहा कि सिगरेट पी लो। माँ को कोई फर्क नहीं पड़ेगा।

शोभारानी गठरी में बदल गई हैं। एक सूखी लाश। उसके शरीर की भाषा खत्म। मेरी आँखों में एक अस्थायी पुल उग आया और उस पर चलती माँ। इस पुल के तोड़े जाने का निर्णय लिया जा चुका है। वह कोड़े की मार से मुक्ति पाना चाहती है।

मैं प्रार्थना नहीं कर सकता।

मैं अंग्रेजी बोलना चाहता हूँ।

खुले दरवाजे में एक सजी-सजाई झलक दिखी। चूड़ियों की छणक भी। कोई नई दुल्हन। वहीं से छोटी बहन से पूछा, ''बीबी जागी कि नहीं। मैं हलवा बना रही हूँ।''

बहन ने कहा, थोड़ी देर में आए। फिर मुझे बताया–

''वीरजी, अम्बरसरनी है। दो महीने पहले यहाँ शादी हुई। माँ की बहुत सेवा करती है। बस एक खराबी है। बक-बक बहुत करती है। आप कुछ कह न बैठना।''

अमृतसर मेरी जानकारी में अकेली ऐसी जगह में जहाँ के लोगों को इस शहर के नाम से पुकारा जाता है।

मैं माँ को लेकर प्यारी-प्यारी बातें सोचने की कोशिश में हूँ। लेकिन प्यार की सारी कहानी कब की खत्म हो चुकी है। सारा दिन, सारी रात राख के पर्दे दिखाई देते हैं। कब से गैरजमानती वारंट निकल चुके हैं। मैं हमेशा पोस्टकार्ड लिखता रहता हूँ। उन पर नाम-पता लिखना याद नहीं रहता।

अम्बरसरनी अन्दर आई। प्लेट में हलवा। मीठी भाप निकल रही है। मुझे देखा। प्लेट मेज पर रख पर पैर छूने के लिए झुकी। मैंने उसके सिर पर हाथ रख दिया। इससे कोई बात तो करनी चाहिए।

''सुखी तो हो न! घरवाला क्या करता है?''

''सुख ही सुख है वीरजी। इनका ढाबा है। सबेरे पाँच जे चले जाते हैं। दोपहर का खाना भेज देते हैं। रात को दस-ग्यारह बजे आजे हैं तो खाना ले आते हैं। मैं तो बस माता के पास बैठी बातें करती रहती हूँ। मुझे बोलना बहुत अच्छा लगता है।''

तन से तृप्त, मन से तृप्त औरत देखना अच्छा लगता है।

उसने माँ का कन्धा हिलाकर कहा, "उठ माता, हलवा खा। ठंडा हो रहा है।"

माँ ने बिन खोली आँखों से कहा, "नहीं खाना।"

"खा ले माता, मरना तो है। स्वाद लेकर मर।"

उसने आँखें खोलीं। कुर्सी पर बैठी मटमैली परछाईं देख पूछा, "कौन आया? मेरा छोटा भाई?"

बहन ने बताया, "सार्थक वीरजी आए हैं।"

अम्बसरनी ने हलवे की प्लेट आगे की। माँ ने हाथ से पीछे कर दी।

"हलवा बाद में। पहले इस सपूत से दो बातें कर लूँ। मुझे बिठा दो।"

दीवार के साथ सिरहाना लगा उसे बैठाया गया।

"तेरा खून तो सफेद निकला। बरसों बाद मरती माँ को देखने आया। तेरे से अच्छा तो छोटा एयरफोर्स निकला। मिलने आता है। डॉक्टरों का खर्चा करता है। साहबजी, एक ही बार आना था मेरे मरने पर।"

मैं चुप रहा। माँ एक लपकती लहर हो गई। सारी ताकतें, सारी यादें लौट आईं। लेकिन लहर जितनी हलकी उठती है उतनी जल्दी बैठ जाती है।

"बोलता क्यों नहीं कंजर कहीं के!"

मैं चुप रहा।

अम्बरसरनी बोली, "वीरजी बहुत बीमार थे। मरते-मरते बचे...।"

छोटी बहन ने होंठों पर उँगली रखी। बीच वाले भाई ने होंठों पर उँगली रखी। लेकिन अम्बरसरनी बातों के घोड़े पर चढ़ चुकी थी।

"कई महीने अस्पताल में रहे।"

बीच वाले भाई से पूछा कि उसे क्यों नहीं बताया गया? भाई ने कहा उसे आने-जाने में तकलीफ होती।

माँ, "बीमार बेटे को देखने जाने में माँ को तकलीफ कब से होने लगी? तुम सब विलायत में तो नहीं रहते? मैं इसके बालों में तेल लगाती। मैं इसके पैरों में तेल लगाती। मेरा लाल झटपट ठीक हो जाता।" उसने इशारे से नजदीक बुलाया। मेरा मुँह उसके मुँह के पास। अब वह मुझे देख सकती है। बिलकुल डर गई।

"काका, तेरे बाल कहाँ गए?"

मैं चुप।

"काका, तेरी आँखों की आग कहाँ गई?"

मैं चुप।

"काका, तेरा रंग किसने चुरा लिया?"

मैं चुप।

"काका, तुझे अब भी किसी ने पकड़ रखा है। कुछ बोल, कुछ बता।"

कोई अदृश्य! हमेशा मेरे साथ, जो दिखाई न दे उसके बारे में क्या बताऊँ? कैसे बताऊँ? संकट-संकेत की कोई भाषा नहीं होती। मेरे पास एक-एक निशानी। छोटा-सा, गोरा-सा कान जिसके पिछले हिस्से पर काला तिल। मुझे उस आतंक का नाम तक नहीं पता।

माँ, "काका, रामजी का नाम लेता है कि नहीं?"

मैं चुप।

माँ, "रामजी जब एक दरवाजा बन्द करते हैं तो दो दरवाजे खोल देते हैं।"

मैंने सिगरेट लगाया। पुराने दिनों की क्रूरता लौटी।

मैं, "सुन माता। तुम अब मेरी बीमारी के बारे में कोई बात नहीं करोगी। किसी से कुछ नहीं पूछोगी। समझ में आया कि नहीं?"

माँ ने हाथ बाँधकर कहा, "अच्छा मेरे हकीमजी।"

वह बेआवाज रोने लगी। वह लगातार रो रही है। वह औरत से व्यथा में बदल गई। अब रोने के साथ-साथ गले से घर्र-घर्र की आवाजें आने लगीं।

अम्बरसरनी ने कहा कि नीचे उतारो। दीया-बत्ती करो। माता चली।

छोटी बहन ने मेरा हाथ पकड़ उठाया, आँगन में बैठाया। अन्दर चली गई। मुझे हमेशा से ओट में बैठ दुख देखने की आदत है।

बहन अन्दर लिवा लेने को आई। बताया, प्राण अटक गए हैं।

नीचे बैठा। उसके दोनों हाथ पकड़े, दबाए। उसने आँखें खोल पूछा, "काका, बगूगोशे लाया?"

मैं चुप

"कोई बात नहीं। मैं पिंडी जाकर ले लूँगी।"

उसने आँखें बन्द कर लीं। उसकी आँखें बन्द हो गईं।

सन्धान

स्वयंप्रकाश

और तकलीफों के साथ ही विश्वमोहन जी के बच्चों को यह तकलीफ भी थी कि पापा हमें कहीं घुमाने नहीं ले जाते। यह तकलीफ विश्वमोहन जी की पत्नी की भी थी। 'जब से ब्याह करके आई हूँ घर में ही बैठी हूँ। रोज वही का वही चौका-चूल्हा। ये नहीं कि चार रोज कहीं घूम ही आएँ। जबकि गुप्ताजी को देखो। वैष्णोदेवी हो आए। जोशी को देखो। हर गरमियों में पूरे परिवार को लेकर पहाड़ों पर जाते हैं। शर्माजी को ही देख लो। साल में एक बार अपने ननिहाल हैदराबाद जाते हैं या नहीं! और एक हम हैं! बीस किलोमीटर दूर बजरंगगढ़ तक नहीं गए कभी!'

विश्वमोहनजी को ऐसी बातों से हमेशा बड़ी चिढ़ छूटती। एक तो गुप्ता को देखो, शर्मा को देखो, जोशी को देखो वाली बात ही उन्हें पसन्द नहीं आती। क्यों देखो गुप्ता, शर्मा और जोशी को? दूसरे तीन-तीन बच्चों को लेकर कहीं जाने के कितने झंझट हैं! कपड़े, छुट्टियाँ, पढ़ाई का नुकसान, ट्रेन का रिजर्वेशन...जाने में कितने झंझट हैं! फिर खर्चा! और आतंकवाद! कितने बम फूट रहे हैं। क्या पता कब कहाँ किसमें विस्फोट हो जाए। इससे तो टी.वी. पर ही देख लो! आजकल तो सब दिखाते हैं।

लेकिन विश्वमोहनजी हों या कोई और मोहनजी, परिवार के सदस्यों की शिकायतों को नजरअन्दाज करने की भी एक सीमा होती है। जब वह सीमा आ गई तो विश्वमोहनजी ने एलटीसी का हिसाब-किताब लगाया, खर्च का पूर्वानुमान तैयार किया, मौसम वगैरह की अनुकूलता जाँची और एक दिन घर में घोषणा कर दी कि ठीक है, तैयार हो जाओ, अगले महीने की पन्द्रह तारीख को हम लोग महानगर जा रहे हैं।

जाहिर है घरवाले खुशी के मारे भौचक रह गए। उन्हें विश्वास नहीं हुआ। उन्होंने सोचा

विश्वमोहनजी मजाक कर रहे हैं। ऐसे मामलों में वे गम्भीर हो ही नहीं सकते। लेकिन जैसे-जैसे जाने का समय नजदीक आने लगा विश्वमोहनजी की दैनिक घोषणाओं का उत्साह घटने का बजाय बढ़ता ही गया। हाँ, रिजर्वेशन हो गया है। हाँ, फर्स्ट क्लास से चलेंगे। हाँ, होटल में ठहरेंगे। हाँ, समुद्र भी देखेंगे। हाँ, जहाज भी देखेंगे। जम गया तो तुम्हें जहाज भीतर से भी दिखा देंगे।

पत्नी ने यथासम्भव बच्चों के कपड़े तैयार किए। अटैचियाँ जमाई गईं। रास्ते के लिए क्या खाना-नाश्ता ले जाएँगे इस पर बहस हुई। सारे मोहल्ले में खबर फैल गई कि विश्वमोहनजी का परिवार महानगर जा रहा है। पत्नी एक पड़ोसन से कैमरा भी माँग लाई। किस-किस दोस्त-सहेली, अंकल-आंटी के लिए महानगर से क्या-क्या लाना है इसकी सूचियाँ बनने लगीं और अन्ततः एक दिन विश्वमोहनजी का परिवार सचमुच महानगर के लिए रवाना हो गया।

महानगर एक चकित कर डालनेवाला अनुभव था। बच्चे गर्दनें उठा-उठाकर ऊँची-ऊँची इमारतों की ऊँचाई देख रहे थे और उनकी मंजिलें गिन रहे थे। पत्नी इतनी चकित थीं कि मानो अभी अपने आपको चिकोटी काटकर देखेंगी। उन्हें विश्वास ही नहीं हो रहा था कि वे सचमुच घूमने महानगर आए हैं। और विश्वमोहनजी दोहराए जा रहे थे—अरे! ये तो कुछ नहीं है, आगे देखना! विश्वमोहनजी चढ़ती जवानी में एक बार दोस्तों के साथ महानगर आए थे। इस बार इसी भरोसे पर बच्चों को लेकर आ गए थे कि महानगर से कुछ तो परिचित हैं ही।

लेकिन उनकी जवानी का महानगर यहाँ कहीं नहीं था। ठहरने के लिए एक सामान्य-सा होटल का कमरा भी आठ सौ रुपए प्रतिदिन में मिला। जबकि विश्वमोहनजी का अनुमान था कि डेढ़ सौ-दो सौ तक आराम से मिल जाएगा। वह खूब सारे पैसे लेकर आए थे और प्रतिज्ञा करेक आए थे कि न कंजूसी करेंगे न पैसे खर्च होने पर कुढ़ेंगे, क्योंकि आदमी कभी-कभी ही तो घूमने निकलता है। लेकिन उनका दिल धसकता जा रहा था। कुढ़न भी भीतर जमती जा रही थी। चीजों का अच्छा लगना कम से कम होता जा रहा था। फास्ट ट्रेन में भारी भीड़ थी, शहर में खूब गन्दगी, समुद्रतट पर झोंपड़पट्टियों और सड़कों पर रंग-बिरंगी विदेशी कारों का कभी न खत्म होनेवाला रेला।

लेकिन परिवार तरंगित था। परिवार पहली बार होटल में ठहरा था। होटल का कमरा साफ-सुथरा था। वहाँ मैले कपड़ों का ढेर, मकड़ियों के जाले, पर्दों पर मसाले के दाग और फर्श पर दौड़ते चूहे नहीं थे। बच्चे फोम के गद्दोंवाले डबलबेड पर कूद-कूदकर देख रहे थे और पत्नी के लिए तो यह भी किसी आज्ञाकारी जिन्न के कारनामे से कम नहीं था कि घंटी बजाने मात्र से मनपसन्द नाश्ता-खाना आ गया और बर्तन भी नहीं माँजने पड़े।

विश्वमोहनजी ने घूमने के लिए टूरिज्म की बस के टिकट ले लिये। विश्वमोहनजी ने तो ऐसा पैसे बचाने के लिए ही किया था, पर यह भी एक तरह से बहुत अच्छा रहा। बहुत सारी प्रसिद्ध जगहें जिनके चित्र पाठ्यपुस्तकों में थे या जिन्हें अब तक सिर्फ टीवी में देखा था, अच्छी तरह और सिलसिलेवार देखने को मिल गईं। इनमें से कुछ जगहें तो विश्वमोहनजी भी पहली बार देख रहे थे या कम से कम उन्हें ऐसा लगा।

पत्नी और बच्चे इतने चकित और उल्लसित थे कि उनका उल्लास विश्वमोहनजी को भी संक्रमित करने लगा। पत्नी तो अपने उल्लास को ठीक से अभिव्यक्त भी नहीं कर पा रही थीं। एक जगह उन्होंने डोसा खाया। तो इतना बढ़िया डोसा कि एकदम कागज जैसा पतला, खस्ता, विशाल और रूमाल की तरह तहाया हुआ। डोसा उनके शहर में भी मिलता है, लेकिन इस डोसे ने उस डोसे को एक मिनट में तथाकथित कर दिया। एक जगह पीत्जा और उसके अगले दिन बर्गर। विश्वमोहनजी इसे भी एक प्रकार का शिक्षण मान रहे थे। वे नहीं चाहते थे कि उनके बच्चे इन वस्तुओं का जिक्र आते ही–जो कि अब हमारे देश में खूब आएगा–अपने आपको गँवार और अभागा समझने लगें। इन चीजों के नाम बच्चों ने सुन रखे थे। खाई तो खाते-खाते ही पीत्जा और बर्गर संस्मरणों का हिस्सा बन गए। खाते-खाते ही सोच लिया कि जाकर सबको बताएँगे कि महानगर में हमने पीत्जा और बर्गर खाया। पत्नी मगन थीं, मुदित थीं, मुग्ध थीं। उन्हें लग रहा था कितनी अच्छी बात है कि कहीं भी बर्तन माँजने नहीं पड़ते। बल्कि ले जाकर सिंक में रखने भी नहीं पड़ते। वहीं छोड़ दो मेज पर, पुरुष लोग आएँगे और उठाकर ले जाएँगे।

लौटने से पहले खूब खरीदारी भी की गई। खासकर बच्चों के कपड़े। इसमें भी विश्वमोहनजी का स्वार्थ छिपा था। बच्चों के कपड़े वहाँ बहुत सस्ते मिल रहे थे, वे लेटेस्ट फैशन के भी थे और उनके साथ यह गौरव भी जुड़ा हुआ था कि वे महानगर से लाए हुए हैं। अब दो साल की छुट्टी। विश्वमोहनजी कुटिलता से सोचते।

लेकिन पत्नी ने अपने लिए कोई कपड़ा नहीं खरीदा। विश्वमोहनजी के इसरार करने के बावजूद। मन तो उनका बहुत ललचाया होगा–अब इसे परिवार के लिए समर्पण भाव समझ लीजिए या विश्वमोहनजी के लिए सहानुभूति का भाव या और कुछ...कि वे अपने आप पर काबू किए रहीं। हाँ, चलते समय उन्होंने रसोई के लिए एक अच्छा सा चाकू जरूर खरीद लिया। पता नहीं उपयोग के लिए या यादगार के लिए। शायद इसलिए कि हर बार उसे इस्तेमाल करते हुए महानगर में बिताए दुर्लभ दिनों का सुखद रोमांच याद कर सकें!

और इस तरह महानगर घूम-घामकर विश्वमोहनजी का परिवार एक दिन सकुशल लौट आया। बगैर एक भी बार लड़े-झगड़े। इस दरम्यान एक भी बार

विश्वमोहनजी झल्लाए नहीं, न उनकी पत्नी ने एक भी बार किसी बात पर मुँह फुलाया। और बच्चों के लिए तो यह रिकॉर्ड समय जैसा हो गया जिसमें उन्होंने मार नहीं खाई और न उनसे पढ़ने बैठने को कहा गया। लौटते समय विश्वमोहनजी अपने बच्चों के लिए एक हीरो पापा जैसे कुछ हो गए थे। पत्नी को लग रहा था कि खैर वैसे एकदम ही अकारथ नहीं हो गई है उनकी जिन्दगी, और विश्वमोहनजी लगभग आत्ममुग्ध थे कि उन्होंने सब कुछ कितने अच्छे से और कितनी कुशलतापूर्वक मैनेज किया।

लेकिन जैसे-जैसे अपना शहर पास आता गया। महानगर घूमने का सारा उल्लास मुट्ठी की रेत की तरह रिसता गया। बच्चों को अपना बकाया होमवर्क और अध्यापकों की सम्भावित डाँट याद आने लगी। हो सकता है सहपाठी पिछला होमवर्क उतारने के लिए कॉपियाँ देने में नखरे दिखाएँ। हो सकता है वे पूरा होमवर्क न कर पाएँ और उन्हें एसेंबली में सबके सामने कान पकड़कर खड़े रहने या मुर्गा बनने को कहा जाए! पत्नी को लग रहा था इतने दिन भीतर पड़ा-पड़ा अचार जरूर खराब हो गया होगा। आते ही सारे घर की सफाई करनी पड़ेगी। चूहों ने पता नहीं कितना नुकसान कर दिया होगा। और सबसे बड़ी बात, आते समय पता नहीं वे पंखा बन्द करके आई थीं या नहीं। चलता हुआ मिला तो पति यकीकन चिल्लाएँगे। और विश्वमोहनजी मन-ही-मन खर्चे का हिसाब लगा रहे थे और सोच रहे थे आनेवाले महीनों में किस-किस खर्च में कटौती करनी पड़ेगी। दफ्तर से तो सिर्फ आने-जाने का किराया मिलेगा, बाकी सब तो अपनी जेब से ही गया! इतने पैसे में तो बच्चों के गरम कोट बन जाते! घूमने नहीं ले जाते घूमने नहीं ले जाते! गुप्ता को देखो, जोशी को देखो!

इसलिए विश्वमोहनजी का परिवार जब अपने शहर के स्टेशन पर उतरा तो जाने क्यों उन सबको यह लगा कि वे उतरे नहीं, गिरे हैं। गिर पड़े हैं। बल्कि पटक दिए गए हैं।

घर पहुँचे तो विश्वास करने का मन नहीं हुआ कि यही हमारा घर है और अब हमें यहीं रहना है। चूहों ने बेशक काफी सत्यानास कर दिया था, अचार सचमुच खराब हो गया था और पंखा भी वाकई चलता रह गया था। रसोई का नल थोड़ा टपकता था। पता नहीं कैसे वह पूरा खुल गया था। रसोई में पानी भर गया था। और कुछ जिन्दा चूहों, एक फूली हुई छिपकली और अनेक मरे हुए कॉक्रोचों के साथ रसोई की कुछ जरूरी चीजें भी उस रुके-सड़े तालाब में तैर रही थीं।

यह दृश्य देखकर भी वे सब चुप रहे। उन्होंने कोई हाऽऽ या ओह! या अरे नहीं की। पत्नी ने मार खाने के डर से सहमे हुए बच्चे की तरह पहले चलते हुए पंखे और फिर पति की तरफ देखा। पति ने चुपचाप पंखा बन्द कर दिया और दूसरी चीजों

का मुआयना करने लगे। पत्नी ने जल्दी से साड़ी उतारी और बाहर से खपच्ची लाकर रसोई की नाली खोली। एक बच्चा सींकोंवाली झाड़ू ले आया। सब बच्चे एक साथ एक चुप मिशन में लग गए–घर साफ करने में। यहाँ तक कि विश्वमोहनजी भी। जो अन्यथा सबसे पहले चाय बनाने को कहते। सबके मन में कहीं न कहीं आशा के विपरीत एक आशा थी कि कोशिश करें तो कुछ न कुछ तो इस घर को भी महानगर के होटल के कमरे जैसा बना ही लेंगे।

उदासी को झापड़ रसीद करने की गरज से बच्चे महानगर से खरीदकर लाए गए सामान की प्रदर्शनी-सी लगाने लगे। अपने नए कपड़े वे पहन-पहनकर देखने और मम्मी-पापा को दिखाने लगे। मुस्कुराहटें दबे पाँव लौटने लगीं। पड़ोस के एक-दो बच्चे आकर ताकाझाँकी करने लगे। बच्चों ने उन्हें भीतर बुला लिया। घंटे भर में पूरा मोहल्ला सूचित हो गया कि श्रीमती विश्वमोहन महानगर से बच्चों के लिए खूब अच्छे-अच्छे कपड़े खरीदकर लाई हैं। अब प्रतीक्षा थी तो कल की, जब विश्वमोहनजी दफ्तर जाएँगे। उसके बाद ही पड़ोसनें आएँगी। एक-एक चीज को छूकर, पलटकर, नचाकर देखेंगी। उनकी कीमत पूछेंगी...और सम्भव हुआ तो उनमें कुछ नुक्स भी निकालेंगी या उनकी साधारणता पर यह कहकर प्रकाश डालेंगी कि आजकल तो हर चीज हर जगह मिलती है। श्रीमती विश्वमोहन समझ जाएँगी कि वे ऐसा किस भाव से, किस दुख से कह रही हैं। वे उनसे सगापन स्थापित करते हुए उन्हें चाय पिलाएँगी, पीछे से मोहल्ले में क्या-क्या हुआ पूछेंगी और बहुत पूछने पर फिर महानगर के संस्मरण सुनाएँगी–बढ़ा-बढ़ाकर नहीं, घटा-घटाकर। लेकिन उनका चेहरा चुगली खाएगा। अपने-अपने जीवन में औसतपने और निस्सारता पर ठंडी आहें भरती पड़ोसनें उठ खड़ी होंगी–चलूँ घर में बहुत काम पड़ा है। कुछ चाहिए हो तो बताना।

दूसरे दिन विश्वमोहनजी को दफ्तर में अपनी मेज पर पेंडिंग फाइलों का ढेर मिला, जिनमें से कुछ अर्जेंट थीं और मन नहीं होने पर भी आज ही निपटानी पड़ेंगी। बच्चों को बकाया होमवर्क का पहाड़ निपटाने में दोस्तों से कोई उल्लेखनीय मदद नहीं मिली। अध्यापकों ने साफ कह दिया सोमवार तक काम पूरा नहीं हुआ तो एसेंबली में सबके सामने मुर्गा बनाएँगे। पत्नी को रसोई के कई सारे डिब्बे खाली लगे और वह सोच में पड़ गईं कि पति से सामान लाने को कैसे कहेंगी? अभी-अभी तो इतना खर्चा करके आए हैं। लेकिन बगैर सामान मँगवाए काम भी कैसे चलेगा? झुँझलाएँगे। झुँझला लेने दो। इमली डालकर अरहर की दाल और भात और आलू का भुरता बनाऊँगी। दो-तीन हरी मिर्च तल दूँगी। गरम-गरम दाल-भात खाएँगे तो ठीक हो जाएँगे।

विश्वमोहनजी महानगर के महँगे नशे का खुमार इतनी जल्दी उतरने नहीं देना चाहते थे। वे दफ्तर की तमाम पस्ती दफ्तर में ही छोड़ आए। सामान की लिस्ट

देखकर भी झुँझलाए नहीं और गरम-गरम दाल-भात खाते हुए बोले–'घर के खाने की तो बात ही कुछ और होती है!'

श्रीमती विश्वमोहन निहाल हो गईं।

कुछ दिनों तक महानगर की उपस्थिति बनी रही। बच्चे अपने दोस्तों को वहाँ के किस्से सुनाते रहे। सौगातें बाँटी गईं। एक बच्चा वहाँ के किसी होटल से एक पेपर नैपकिन मार लाया था। वह रोज उसे जेब में रखकर स्कूल ले जाता और टिफिन के बाद बड़े ठाठ से उसे जेब से निकालकर हाथ-मुँह पोंछता और फिर जेब में रख लेता। एक बार दोस्तों की दिखाना-दिखाना में हुई छीनाझपटी में आखिर वह टुकड़े-टुकड़े हो गया। कपड़े सन्दूकों में चले गए थे। उचित अवसर पर ही वे पहने जाएँगे। उचित अवसर कब आएगा? विश्वमोहनजी कहते अरे! पहनो-पहनो। नहीं, पहनने से कपड़े मैले हो जाएँगे। अरे! तो धो लेंगे। तो उन्हें लगता, नहीं, धुलने के बाद खराब हो गए तो बहुत किरकिरी होगी। कुछ रोज वे एक-दूसरे को बताते रहे कि उन्हें सपने में महानगर दिखाई दिया था। एकदम जैसे हम वहीं हों। लेकिन सब कुछ के बावजूद महानगर को अपने बीच ज्यादा दिन नहीं रखा जा सकता था।

अपने शहर में वापसी के बाद पहले ही दिन से उन्हें लगने लगा था कि यहाँ काम कम है समय बहुत। सब कुछ कर चुकने के बाद भी काफी समय बचा रह जाता है। हर चीज की महानगर से तुलना होने लगी और महानगर के मुकाबले अपने शहर की हर चीज सड़ी-बुसी गन्दी और घटिया लगने लगी। मसलन सड़कें। क्या अपने शहर की सड़कों को ठीक अर्थ में सड़कें भी कहा जा सकता है? जहाँ गड्ढे पड़े हैं। जहाँ ठेले साइकिलें-बैलगाड़ियाँ और चारा भरे ट्रैक्टर चलते हैं। जहाँ आवारा गाय और साँड़ बीच सड़क खड़े या बैठे रहते हैं और गोबर करते रहते हैं! जहाँ हर वाहन ऊँची आवाज में और अकारण लगातार हॉर्न बजाता है! जहाँ धूल उड़ाते हुए ट्रक तेजी से गुजरते हैं! और जहाँ मातीज, सिएना, फोर्ड, सेंट्रो जैसी एक भी चमचम गाड़ी दिखाई नहीं देती!

घर के सामने से कोई कार गुजरती तो बच्चे एक-दूसरे को बताते–'फिएट है। खटारा! मारुति वैन। डिब्बा!' अपने पापा के पुराने स्कूटर को वे अजीब निगाहों से देखते।

पत्नी अनमनी-सी रहतीं। काम करते-करते बीच में पता नहीं किन खयालों में खो जातीं। और फिर चौंककर गहरी उसाँस भरकर रोजमर्रा के काम में लग जातीं। सब जैसे एक स्थगित जीवन में जी रहे थे। असली जीवन तो वहीं था जो महानगर की यात्रा में था–यहाँ तो यह उसी या वैसे ही क्षणभंगुर लेकिन असली जीवन की कष्टकर प्रतीक्षा था। जैसे सारा परिवार वेटिंग रूम में बैठा हो। सब

बगैर मुँह खोले मानो एक-दूसरे से पूछ रहे हों—अगली बार हम कहीं घूमने कब जाएँगे?

विश्वमोहन जी उदास होकर सोचते, छोटे लोगों को सुख भी दुखी क्यों कर जाते हैं?

लेकिन जाहिर है घूमने हर महीने तो जाया नहीं जा सकता। ठीक से सोचा जाए तो हर साल भी नहीं। विश्वमोहनजी सोचते तो फिर से क्या ऐसा किया जाए कि अपना वास्तविक जीवन अधिक आकर्षक और प्रफुल्लतावर्धक बन सके। या कम से कम कुछ कम उबाऊ। क्योंकि जो असर आ गए वे तो आ गए। विश्वमोहनजी बच्चों के लिए एक कैरम बोर्ड खरीद लाए और घर के पीछे की तरफ पड़ी थोड़ी सी जमीन साफ करके उन्होंने वहाँ पत्नी के सहयोग से सब्जी की बाड़ी बना ली। यहाँ बैंगन लगाएँगे, यहाँ भिंडी...यहाँ लौकी की बेल चढ़ेगी, यहाँ करेला ठीक रहेगा, और टमाटर का तो ऐसा है कि कहीं भी लगा लो!

लेकिन विश्वमोहनजी हों या कोई मोहनजी, अपने छोटे-से शहर में गगनचुम्बी अट्टालिकाओं का नजारा पैदा नहीं कर सकते। न समुद्र की रचना कर सकते हैं। वे महानगर जैसे बड़े और चमकदार बाजार भी नहीं बना सकते, और पेपर डोसा, पीत्जा, बर्गर तो हरगिज नहीं।

कोई दो महीने बाद एक दिन अचानक एक और महानगर से विश्वमोहनजी के बचपन के एक दोस्त की चिट्ठी आई। वह जैसे आसमान फाड़कर आई। दोस्त उनकी जानकारी के अनुसार विदेश चला गया था और विदेश में ही था। चिट्ठी से पता चला कि विदेश तो वह सिर्फ दो साल के लिए गया था, पिछले पाँच साल से तो वह दूसरे महानगर में ही है। दोस्त ने लिखा था कि उसका परिवार बाहर निकलना चाहता है। महानगर की एकरस उबाऊ जिन्दगी से वे तंग से आ गए हैं—यदि विश्वमोहनजी कहें तो दोस्त अपने परिवार को लेकर दो-चार रोज को उनके पास आ जाएँ!

विश्वमोहनजी ने दोस्त का पत्र पत्नी और बच्चों को बताया और बड़ी देर तक दोस्त के साथ बिताए बचपन की बातें बताते रहे। अन्त में सकुचाते हुए पति-पत्नी ने तय सा किया कि दोस्त को कोई बहाना बनाकर मना कर देना या पत्र का उत्तर न देना ही ठीक रहेगा। क्योंकि वे लोग यहाँ कहाँ रहेंगे और उन्हें यहाँ क्या अच्छा लगेगा वगैरह!

लेकिन अगले दिन दफ्तर में दोस्त का टेलीफोन आ गया कि वे रविवार को पहुँच रहे हैं।

विश्वमोहनजी ने शाम को पत्नी को बताया कि दोस्त का परिवार तो आ रहा है। पत्नी ने हँसकर दिलासा दिया कि चलो, कोई तो हमारे यहाँ भी आ रहा है!

विश्वमोहनजी को पत्नी खूब अच्छी लगी। कम से कम अपने से ज्यादा प्रौढ़ और मजबूत।

रविवार को सुबह नौ बजे के करीब एक धूल धूसरित हरे रंग की मारुति विश्वमोहन जी के घर के सामने रुकी। उसमें से एक मोटा-गंजा-अधेड़ आदमी उतरा जिसने कुर्ते-पाजामे के साथ चमड़े के फीतेवाले जूते पहन रखे थे। पीछे-पीछे टीशर्ट-पाजामा पहले पन्द्रह-सोलह साल के दो लड़के और गुसी-मुसी साड़ी पहने एक महिला। लड़कों के पाजामे चारखाने वाले कपड़े के थे, चाहें तो उसे पतलून भी कह सकते हैं, पर विश्वमोहनजी को तो वे पाजामे ही लगे। महिला चुस्त-छरहरी हँसमुख थी और गुसी-मुसी साड़ी के बावजूद आकर्षक लग रही थी। उसने नाक में हीरे की लौंग पहन रखी थी।

यह दोस्त का परिवार था।

विश्वमोहनजी और दोस्त खूब हल्ला मचाते हुए गले मिले। एक-दूसरे को उठाते हुए, एक-दूसरे की पीठ पर धौल जमाते हुए और खूब जोर-जोर से एक-दूसरे को गाली बकते हुए–साले! उल्लू के पट्ठे! कोई खोज न खबर! गधे की तरह मोटा हो गया! यार को भूल गया! लाना जरा मेरा डंडा! वगैरह-वगैरह।

विश्वमोहनजी की पत्नी भी बाहर आ गईं। शादी.में उन्होंने इन्हें देखा था। उसके बाद अब मिल रही थीं। पर वे भी गले मिलीं। बच्चे दौड़ते हुए भीतर घुस गए और विश्वमोहनजी के बच्चों से हाथ मिला-मिलाकर अपना परिचय देने लगे।

घंटे भर में ही धुले हुए पर्दों, इस्तरी किए मेजपेशों, पड़ोस से माँगकर लाए गए टी सेट और गरम पानी से धोए गए काँच के गिलासों की चकाचक व्यवस्था ध्वस्त हो गई। सारे घर में दोस्त परिवार के जूते, चप्पल, मैले कपड़े, बिस्तर, अटैचियाँ और सबके लिए लाई गई सौगातें बिखरी पड़ी थीं। घंटे भर में बच्चों में ऐसी दोस्ती हो गई कि ये उन्हें बाहर ले गए अपना मोहल्ला दिखाने और अपने दोस्तों से मिलाने। दोनों महिलाएँ रसोई में घुस गईं। एक प्याज काट रही है तो दूसरी बर्तन धो रही है। पता नहीं चल रहा कौन मेजबान है और कौन मेहमान!

कुछ देर बाद विश्वमोहनजी के बच्चे कार को चारों तरफ घूम-घूमकर देख रहे थे। हालाँकि थी तो वह भी मारुति 800 ही, पर अपने घर के सामने खड़ी थी। उसके भीतर भी बैठा जा सकता था। मेहमान बच्चों ने न सिर्फ उन्हें कार में बिठाया बल्कि उसके डेक पर गाने बजाकर, पार्किंग ब्रेक लगाकर, एसी चलाकर, डिक्की खोलकर बल्कि बोनेट भी खोलकर दिखाया। उन्होंने विश्वमोहनजी के बड़े बच्चे से वायदा किया कि कल वे उसे कार चलाना सिखा देंगे। कुछ देर बाद वे कार को धो रहे थे। दो बच्चे पाइप से पानी डाल रहे थे, दो कपड़े से कार को

रगड़ रहे थे। फिर वे भीग गए फिर एक-दूसरे पर पानी डालने लगे। फिर पाइप से पानी डाल-डालकर नहाने लगे। मेहमान बच्चे बार-बार कह रहे थे–तुम्हारे यहाँ खूब पानी आता है यार! हम तो इस तरह नहाने की कभी सोच भी नहीं सकते।

बदले में विश्वमोहनजी के बच्चों ने उन्हें अपनी सब्जी की बाड़ी दिखाई, वे तो देखते ही रह गए। आज से पहले उन्होंने बैंगन-टमाटर के पौधे कभी नहीं देखे थे। उन्हें तो यह भी पता नहीं था कि ये चीजें पेड़ पर लगती हैं या बेल में। उन्होंने बाड़ी खूब सारे बैंगन-टमाटर तोड़ लिये और घर के भीतर जाकर हल्ला मचाने लगे कि वे लाइव सब्जी बनाएँगे। और उन्होंने बनाई भी। और काफी अच्छी बनाई। श्रीमती विश्वमोहन भौचक थीं कि पौधों में लगे बैंगन-टमाटर भी क्या किसी को इतना उत्फुल्ल कर सकते हैं? उनके बच्चे तो कभी रसोई में नहीं घुसे सब्जी बनाने!

दोनों मर्द गप्पों में लगे थे। पुरानी-पुरानी बातें। जमाने भर का बातें। तीसरी बार चाय की तलब लगी तो विश्वमोहनजी भीतर आए–पता करने कि क्या चाय मिलने की कोई सम्भावना है? उन्होंने देखा कि दोनों महिलाएँ किसी बात पर जोर-जोर से हँस रही हैं। अपनी पत्नी को उन्होंने एक लम्बे समय बाद हँसते देखा था। वह तो करीब-करीब भूल ही गए थे कि पत्नी की हँसी इतनी दिलकश है। उन्होंने एक बार फिर हैरत से सोचा कि औरत को औरत की सोहबत में ऐसा क्या मिल जाता है जो अपने मर्द की सोहबत में भी नहीं। वे पत्नी की तुरन्त घुल-मिल जाने की सलाहियत से प्रभावित हुए और दोस्त की पत्नी के प्रति आभारी जैसे भी।

बच्चों के लिए तो तमाशा जैसा हो गया। पापा अंकल को कहते 'यार चुन्नी' और अंकल पापा को कहते 'यार बिस्सू' बिस्सू! पापा का यह नाम उन्होंने पहले नहीं सुना था।

वैसे एक तमाशा यह भी था कि विश्वमोहनजी के बच्चे मेहमान दम्पती को अंकल-आंटी बोल रहे थे जबकि मेहमान बच्चे विश्वमोहन और उनकी पत्नी को ताऊजी-ताईजी कह रहे थे।

उस शाम ये सारे गली में क्रिकेट खेल रहे थे। बच्चों के पास एक रबड़ की गेंद थीं। कपड़े कूटने की मोगरी को बैट बना लिया गया था और कचरे के डिब्बे को स्टम्प। फिर पड़ोस के कुछ बच्चों के साथ एक सचमुच का बैट भी आ गया। मोहल्ले वाले झाँक-झाँककर देखने लगे। अंकल भी खेल रहे थे। और चीटिंग भी कर रहे थे। और विश्वमोहनजी भी उन्हीं का साथ दे रहे थे। बच्चे हँस-हँसकर लोटपोट हो रहे थे। दोनों महिलाएँ भी दूर खड़ी मुँह में पल्ला ठूँसे खी-खी कर रही थीं। फिर बच्चों के इसरार पर आंटी भी खेलने आ गईं। उनके खींचा-खींची करने पर भी श्रीमती विश्वमोहनजी नहीं आईं। पहली गेंद आंटी की साड़ी में उलझ गई।

पहले तो वे चारों तरफ मुड़-मुड़कर गेंद को ढूँढ़ती रहीं, फिर यह अहसास होने पर कि गेंद उनकी साड़ी में ही उलझी है, उन्होंने उसे दबोच लिया और अड़ गईं कि छह रन दोगे तो ही गेंद दूँगी। अब कोई उसे फील्ड भी कैसे करे? आखिर छह रन दे दिए गए। अगली गेंद पर उन्होंने बड़ी जोर से बल्ला घुमाया। संयोग से गेंद बल्ले की चपेट में आ भी गई और किसी को पता नहीं चला कि कहाँ गई। खेल बन्द करना पड़ा।

रात को सब खा-पीकर बाहर जमीन पर बिस्तर लगाकर सोए। मेहमान बच्चे तारों को देखते रहे तो देखते ही रह गए। दोस्त भी। दोस्त बोले–यार बिस्सू! तुम्हारे यहाँ आसमान में कितने सारे तारे हैं!

–अबे गधे! हमारा आसमान कोई अलग है क्या? विश्वमोहनजी ने कहा।

–बरसों बाद देख रहा हूँ यार! हमारे महानगर में तो तारे दिखाई ही नहीं देते!

–क्यों?

दोस्त ने कोई जवाब नहीं दिया। वह उदास जैसे हो गए।

अगले दिन विश्वमोहनजी ने छुट्टी ले ली। बच्चों के स्कूल की भी किसी कारण छुट्टी थी। फिर भी सब जल्दी उठ गए। उठ क्या गए, बच्चों द्वारा उठा दिए गए। उन्हें सोना समय नष्ट करने जैसा लग रहा था। बच्चे बच्चों को लेकर जॉगिंग कराने चले गए–उनके अनुसार जॉगिंग करने के लिए ऐसी फ्रेश जगह कहीं नहीं मिल सकती। लौटे तो चीखते-चिल्लाते कि पापा! यहाँ थोड़ी ही दूर पर खेत हैं। और वहाँ गेहूँ के प्लांट्स लगे हैं और गन्ने के भी। हम खुद देखकर आए हैं। और एक गन्ना तो हमने तोड़कर खा भी लिया। ये देखो हमारे हाथ। छूकर देखो। अब चखो। मीठा लगेगा।

दोस्त और उनकी पत्नी वाकई अपने बच्चों के हाथों को सूँघने-चखने लगे जिस पर विश्वमोहनजी और उनकी पत्नी को खूब हँसी आई। बच्चों के हाथों की खुशबू दोस्त को घसीटकर अपने बचपन के दिनों में ले गई। वे भावुक हो गए। विश्वमोहनजी से ईर्ष्या करने लगे और अपनी ईर्ष्या को मुखर रूप में प्रकट भी करने लगे। उन्हें उम्मीद थी तो एलविन टॉफलर से जो कहता था संचार क्रान्ति के बाद यह भी सम्भव है कि भविष्य के कार्यालय सुदूर हरी-भरी वादियों के बीच कुटियों में स्थित हों।

फटाफट कार्यक्रम बन गया कि खेतों पर चलकर रहट पर नहाया जाए और वहीं दाल-बाटी-चूरमा का भोजन बनाकर खाया जाए। जो जैसा था थोड़ा-बहुत जैसे-तैसे तैयार होकर कार में ठुँस गया। दो-चक्कर करने पड़ेंगे–कोई बात नहीं। विश्वमोहनजी को ध्यान आया कि कुछ ही दूर उनके चपरासी टेकराम का गाँव है और वह कई बार बुला भी चुका है। उन्होंने पड़ोस में जाकर दफ्तर फोन किया और

टेकराम से कहा कि ऐसे महानगर से हमारे कुछ मेहमान आए हैं जो गाँव देखना चाहते हैं, तो हम उन्हें लेकर तुम्हारे गाँव पहुँच रहे हैं, तुम भी पहुँचो, जरा रास्ता समझा दो!

लेकिन इस बीच बच्चे आंटी को लेकर रवाना हो चुके थे। कुछ ही देर में गाड़ी वापस आ गई और बाकी लोग भी चले। श्रीमती विश्वमोहन चाहती थीं कि कुछ खाने की चीज बनाकर ले चलें, नहाते के साथ ही बच्चों को भूख लगेगी, पर जितना समय उन्हें दिया जा रहा था उसमें वे यही कर पाईं कि उन्होंने चाय बनाकर थर्मस में भर ली। और कुछ बिस्कुट-नमकीन झोले में डाल लिये।

पहुँचे तो काहे का टेकराम का गाँव? घर से सिर्फ दो किलोमीटर दूर मेन रोड के एक तरफ एक जगह देखा तो कुएँ पर पम्प चल रहा है और बच्चे शोर मचाते हुए पानी की उस मोटी धार में मजे से नहा रहे हैं! पता नहीं किसका खेत था और किसका पम्प। सब कुछ बच्चों ने अपने आप ही मैनेज कर लिया था। बच्चों से पूछा तो बोले—आप तो नहाओ।

फिर पता चला कोई किशनलाल है जिसका खेत है। थोड़ी देर में कहीं से किशनलाल खुद आ गया और हाथ जोड़कर बोला कि सब आपका ही है। मैं तो ऑफिस जा रहा हूँ—मोटर बन्द करना हो तो लुगाई को आप बोल देना।

विश्वमोहनजी चक्कर में पड़ गए। क्या गोरखधन्धा है? कौन है ये किशनलाल? कब बच्चों की उससे जान-पहचान हुई? कैसे निधड़क नहाने लगे! कितना सुरम्य और प्यारा स्थान है। उनके घर के इतने पास। और उन्हें मालूम तक नहीं? पहले क्यों नहीं कभी सोचा कि कभी-कभी परिवार को लेकर ऐसी जगह भी आया जा सकता है। कितने खुश हैं बच्चे।

बच्चे समय की महत्ता को जैसे आत्मसात् किए हुए थे। कल से ही इसके प्रमाण मिल रहे थे। उन्होंने किशनलाल के जाते ही 'किशनलाल आंटी' से दोस्ती गाँठ ली। नहा-धोकर गाँव की दुकान से आटा, दाल, घी, नमक, मिर्च वगैरह खरीद लाए और अब वे नाक पकड़-पकड़कर एक-एक कंडा उठा-उठाकर ला रहे हैं। और किशनलाल आंटी के अनुभवी निर्देशन में 'काउडंगकेक' यानी बाटियाँ बनाने की तैयारी कर रहे हैं। इस बीच बिस्सूबाबू और चुन्नीबाबू भी नहा चुके हैं और अब दोनों महिलाएँ इस अद्‌भुत-अभूतपूर्व-कल्पनातीत स्वच्छन्दता में सानन्द स्नान कर रही हैं।

बच्चे बच्चों को बता रहे हैं कि जगहें तो वहाँ भी बहुत सी हैं, यार, पर हमें तो कहीं आने-जाने का टाइम ही नहीं मिलता। कॉलेज के लिए सुबह छह बजे निकलना पड़ता है। घर से एक सौ आठ पकड़कर पहले कला निकेतन जाते हैं और वहाँ से तीन सौ चालीस मिल गई तो सीधे कॉलेज वरना छियासी पकड़कर पहले माता

मन्दिर जाओ और फिर वहाँ से पाँच सौ नौ या पाँच सौ तेरह में लटककर कॉलेज। शाम तक हड्डी-पसलियों का कचूमर निकल जाता है।

–और संडे को?

–संडे को आराम से उठते हैं, हफ्ते भर के कपड़े धोना-प्रेस करना, कमरा साफ करना--नोट्स उतारना–मम्मी का भी कुछ काम करना पड़ता है, सारा दिन कब निकल गया, पता ही नहीं चलता। और अगले दिन से फिर वही।

अगले दिन उन्हें लौटना था। पता चला लौटने से पहले शॉपिंग करनी है। शॉपिंग! विश्वमोहनजी बिलकुल नहीं समझ पाए महानगर वाले हमारे इस बोसीदा से शहर से क्या खरीदकर ले जाना चाह सकते हैं? खैर उन्होंने ज्यादा सिर खपाया भी नहीं, उन्हें दफ्तर जाना था, जो तैयार था, खाकर दफ्तर चले गए।

शाम को लौटे तो शॉपिंग का उल्लसित विवरण विस्तार से सुना। क्या खरीदारी की? दिन-भर दफ्तर में सोचते रहे थे कि क्या खरीदकर ले जा सकते हैं ये लोग यहाँ से? यहाँ मिलता क्या है? बच्चों के कपड़े तक तो ढंग के मिलते नहीं। क्या ले जाएँगे यहाँ से बाँधकर? खराद पर कटे लकड़ी के देहाती खिलौने? खजूर के हाथपंजे? बन्धेज की चूनड़ी? हाथ की छपी रेजी की चादरें? बैलों के गले की घंटियाँ? मुँहमाँगे पैसे फेंककर ले जाएँगे और वहाँ जाकर अपने आलीशान ड्राइंगरूमों में सजा लेंगे। कुछ रोज की एथनिक हलचल के बाद सारी चीजें कूड़े में चली जाएँगी। फिर नेपाल से कुछ ले आएँगे। फिर बस्तर से। एकदम एनआरआइयों जैसी बात! चार रोज घूमकर रोमांटिक होने में क्या रखा है, यहाँ रहना पड़े तो पता चले!

आंटी ने एक-एक पुड़िया खोलकर दिखाई। सोजत की मेहँदी और कलौंजी और अमचूर और साबुत मिर्च और रीठा और आँवले और जामुन का सिरका और घाणी का सरसों का तेल और बताशे और खानतिल्ली और चिरौंजीदाने और यहाँ तक कि मूड़ी के लड्डू, मूँगफली की पट्टी, केर-सांगरी, जौ-चने का सत्तू और सींग की कंघियाँ!

विश्वमोहनजी इस खरीदारी को देखते ही रह गए।

पता चला कि बच्चे भी गए थे बाजार। बच्चों को कितना गन्दा लगा होगा हमारा शहर। नहीं, उन्हें मजा आया। वे ताँगे में भी बैठे। वे खासतौर पर 'वाटरबॉल्स' खाने गए थे। वाटरबॉल्स? वही जिसे तुम गोलगप्पे या गुपचुप कहते हो। क्या वे महानगर में नहीं मिलते? वहाँ पॉलीथीन बैग में पैक मिलते हैं, मसाला साथ मिलता है, पानी घर जाकर बना लो। लेकिन ठेले पर खड़े होकर खाने का मजा ही कुछ और है! हमने तो उससे पानी की रेसिपी भी पूछी थी, लेकिन उसने बताई नहीं, लगता है वह उसकी ट्रेड सीक्रेट है।

इस झीनी सी मुस्कराहट विश्वमोहनजी के होंठों पर थिरक गई।

श्रीमती विश्वमोहनजी रास्ते का खाना बना रही थीं। बच्चे उन्हें याद दिला रहे थे—मम्मी ल्हिसोड़े का अचार जरूर रखना, नीटू भैया को बहुत पसन्द है। दूसरा कह रहा था—मम्मी, केर का मुरब्बा भी, चिंटू भैया ने आज तक कभी नहीं खाया।

दोस्त का परिवार चला गया। उनके जाने के बाद सहसा सब कुछ खाली-खाली हो गया। लेकिन इस बार विश्वमोहनजी के परिवार को ऐसा हरगिज नहीं लगा कि वे पीछे छूट गए हैं, या छोड़ दिए गए हैं, या बल्कि उतार ही दिए गए हैं।

माटीवाली

विद्यासागर नौटियाल

शहर के सेमल का तप्पड़ मोहल्ले की ओर बने आखिरी घर की खोली में पहुँचकर उसने दोनों हाथों की मदद से अपने सिर पर धरा बोझा नीचे उतारा। मिट्टी से भरा एक कंटर। माटीवाली। टिहरी शहर में शायद ऐसा कोई घर नहीं होगा जिसे वह न जानता हो। या जहाँ उसे न जानते हों। घर के कुल निवासी। बरसों से वहाँ रहते आ रहे किराएदार। उनके बच्चे तलक। घर-घर में लाल मिट्टी देते रहने के उस काम को करनेवाली वह अकेली है। उसका कोई प्रतिद्वन्द्वी नहीं। उसके बगैर तो लगता है, टिहरी शहर के कई एक घरों में चूल्हों का जलना तक मुश्किल हो जाएगा। वह न रहे तो लोगों के सामने रसोई व भोजन कर लेने के बाद अपने चूल्हे-चौके की लिपाई करने की समस्या पैदा हो जाएगी। भोजन जुटाने और खाने की तरह रोज की एक समस्या। घर में साफ लाल मिट्टी तो हर हालत में मौजूद रहनी चाहिए। चूल्हे-चौकों को लेपने के अलावा साल-दो साल में मकान के कमरों, दीवारों की गोबरी-लिपाई करने के लिए भी लाल माटी की जरूरत पड़ती रहती है। शहर के अन्दर कहीं माटाखान है नहीं। भागीरथी व भीलांगना दो नदियों के तटों पर बसे हुए शहर की मिट्टी इस कदर रेतीली है कि उससे चूल्हों की लिपाई का काम नहीं किया जा सकता। आनेवाले नए-नए किराएदार भी एक बार अपने घर के आँगन में उसे देख लेते हैं तो वे अपने आप माटीवाली के ग्राहक बन जाते हैं। घर-घर जाकर माटी बेचनेवाली, नाटे कद की एक हरिजन बुढ़िया-माटीवाली।

शहरवासी सिर्फ माटीवाली को नहीं, उसके कंटर को भी अच्छी तरह पहचानते हैं। रद्दी कपड़े को मोड़कर बनाए गए एक गोल डिल्ले के ऊपर लाल, चिकनी मिट्टी से छुलबुल भरा

कनस्तर टिका रहता है। उसके ऊपर किसी ने कभी कोई ढक्कन लगा हुआ नहीं देखा। अपने कंटर को इस्तेमाल में लाने से पहले वह उसके ऊपरी ढक्कन को काटकर निकाल फेंकती है। ढक्कन के न रहने पर कंटर के अन्दर मिट्टी भरने और फिर उसे खाली करने में आसानी रहती है।

उसके कंटर को जमीन पर रखते-रखते सामने के घर नौ से दस साल की एक छोटी लड़की कामिनी दौड़ती हुई वहाँ पहुँची। और उसके सामने खड़ी हो गई।

"मेरी माँ ने कहा है, जरा हमारे यहाँ भी आ जाना।"

"अभी आती हूँ।"

घर की मालकिन ने माटीवाली को अपने कंटर की माटी कच्चे आँगन के एक कोने में उँड़ेल देने को कह दिया।

"तू बहुत भाग्यवान है। चाय के टैम पर आई है हमारे घर। भागवान आए खाते वक्त।"

वह अपनी रसोई में गई और दो रोटियाँ लेती आई। रोटियाँ उसे सौंपकर वह फिर अपनी रसोई में घुस गई।

माटीवाली के पास अपने अच्छे या बुरे भाग्य में बारे में ज्यादा सोचने का वक्त नहीं था। घर की मालकिन के अन्दर जाते ही माटीवाली ने इधर-उधर तेज निगाहें दौड़ाईं। हाँ, इस वक्त वह अकेली थी। उसे कोई देख नहीं रहा था। उसने फौरन अपने सर पर धरे डिल्ले के कपड़े के मोड़ों को हड़बड़ी में, एक झटके में खोला और उसे सीधा कर दिया। फिर इकहरा। खुल जाने के बाद वह पुरानी चादर के एक फटे हुए टुकड़े के रूप में प्रकट हुआ।

मालकिन के बाहर आँगन में निकलने से पहले उसने चुपके से अपने हाथ में थामी दो रोटियों में एक रोटी को मोड़ा और उसे कपड़े पर लपेटकर गाँठ बाँध दी। साथ ही अपना मुँह यों ही चलाकर खाने का दिखावा करने लगी।

घर की मालकिन पीतल के एक गिलास में चाय लेकर लौटी। उसने वह गिलास बुढ़िया के पास जमीन पर रख दिया।

"ले, सद्दा-बासी साग कुछ है नहीं अभी। इसी चाय के साथ निगल जा।"

माटीवाली के खुले कपड़े के एक छोर से गिलास को पूरी गोलाई में पकड़कर पीतल का वह गरम गिलास हाथ में उठा लिया। अपने होंठों से गिलास के किनारे को छुआने से पहले शुरू-शुरू में उसके अन्दर रखी गरम चाय को ठंडा करने के लिए सू-सू करके उस पर लम्बी-लम्बी फूँकें मारीं। तब रोटी के टुकड़ों को चबाते हुए धीरे-धीरे चाय सुड़कने लगी।

"चाय तो बहुत अच्छा साग हो जाती है ठकुराइनजी।"

"भूख तो अपने में एक साग होती है बुढ़िया। भूख मीठी कि भोजन मीठा?"

''तुमने अभी तक पीतल के गिलास सँभालकर रखे हैं। पूरे बाजार में और किसी घर में अब नहीं मिल सकते ये गिलास।''

''इनके खरीदकर कई बार हमारे घर के चक्कर काटकर लौट गए। पुरखों की गाढ़ी कमाई से हासिल की गई चीजों को हराम के भाव बेचने को मेरा दिल गवाही नहीं देता। हमें क्या मालूम कैसी तंगी के दिनों में अपनी जीभ पर कोई स्वादिष्ट चटपटी चीज रखने के बजाय, मन मसोसकर दो-दो पैसे जमा करते रहने के बाद खरीदी होंगी उन्होंने ये तमाम चीजें जिनकी हमारे लोगों की नजरों में अब कोई कीमत नहीं रह गई है। बाजार में जाकर पीतल का भाव पूछो जरा, दाम सुनकर दिमाग चकराने लगता है। और ये व्यापारी हमारे घरों से हराम के भाव इकट्ठा करके ले जाते हैं तमाम बर्तन भाँडे। काँसे के बर्तन भी गायब हो गए हैं सब घरों से।''

''इतनी लम्बी बात नहीं सोचते बाकी लोग। अब जिस घर में जाओ वहाँ या तो स्टील के भाँडे दिखाई देते हैं या फिर काँच या चीनीमिट्टी के।''

''अपनी चीज का मोह बहुत बुरा होता है। मैं तो सोचकर पागल हो जाती हूँ कि अब इस उमर में इस शहर को छोड़कर हम जाएँगे कहाँ!''

''ठकुराइनजी! जो जमीन-जायदादों के मालिक हैं वे तो कहीं-न-कहीं ठिकाने पर जाएँगे ही। पर मैं सोचती हूँ मेरा क्या होगा! मेरी तरफ देखनेवाला तो कोई भी नहीं।''

चाय खत्म कर माटीवाली ने एक हाथ में अपना कपड़ा उठाया, दूसरे में खाली कंटर और खोली से बाहर निकलकर सामने के घर में चली गई।

उस घर में भी 'कल हर हालत में मिट्टी ले आने' के आदेश के साथ उसे दो रोटियाँ मिल गईं। उन्हें भी उसने अपने कपड़े के एक दूसरे छोर पर बाँध लिया। लोग जानें तो जानें कि वह ये रोटियाँ अपने बुड्ढे के लिए ले जा रही है। उसके घर पहुँचते ही अशक्त बुड्ढा कातर नजरों से उसकी ओर देखने लगता है। वह घर में रसोई बनने का इन्तजार करने लगता है। आज वह घर पहुँचते ही तीनों रोटियाँ अपने बुड्ढे के हवाले कर देगी। रोटियों को देखते ही चेहरा खिल उठेगा बुड्ढे का।

साथ में ऐसा भी बोल देगी, ''साग तो कुछ है नहीं अभी।''

और तब उसे जवाब सुनाई देगा, ''भूख मीठी कि भोजन मीठा?''

उसका गाँव शहर के इतना पास भी नहीं है। कितना ही तेज चलो फिर भी घर पहुँचने में एक घंटा तो लग ही जाता है। रोज सुबह निकल जाती है वह अपने घर से। पूरा दिन माटाखान में मिट्टी खोदने, फिर विभिन्न स्थानों में फैले घरों तक उसे ढोने में बीत जाता है। घर पहुँचने से पहले रात घिरने लगती है। उसके पास अपना कोई कोई खेत नहीं। जमीन का एक भी टुकड़ा नहीं। झोंपड़ी, जिसमें वह गुजारा करती है, गाँव के एक ठाकुर की जमीन पर खड़ी है। उसकी जमीन पर रहने के एवज में उस भले आदमी के घर पर भी माटीवाली को कई तरह के कामों की बेगार करनी होती है।

नहीं! आज वह एक गठरी में बदल गए अपने बुड्ढे को कोरी रोटियाँ नहीं देगी। मोटी बेचने से हुई आमदनी से उसने एक पाव प्याज खरीद लिया। प्याज के इन दानों को कूटकर वह उन्हें जल्दी-जल्दी तल लेगी। बूढ़े को पहले रोटियाँ दिखाएगी ही नहीं। सब्जी तैयार होते ही परोस देगी उसके सामने दो रोटियाँ। अब वह दो रोटियाँ भी नहीं खा सकता। एक ही रोटी खा पाएगा या हद से हद डेढ़ । अब उसे ज्यादा नहीं पचता। बाकी बची डेढ़ रोटियों से माटीवाली अपना काम चला लेगी। एक रोटी तो उसके पेट में पहले ही जमा हो चुकी है। मन में यही सब सोचती, हिसाब लगाती हुई वह अपने घर पहुँच गई।

उसके बुड्ढे को अब रोटी की कोई जरूरत नहीं रह गई थी। माटीवाली के पाँवों की आहट सुनकर वह हमेशा की तरह आज चौंका नहीं। उसने अपनी नजरें उसकी ओर नहीं घुमाईं। घबराई हुई माटीवाली ने उसे छूकर देखा। वह अपनी माटी को छोड़कर जा चुका था।

टिहरी बाँध पुनर्वास के साहब ने उससे पूछा कि वह रहती कहाँ है।

"तुम तहसील से अपने घर का प्रमाणपत्र ले आना।"

"मेरी जिनगी तो इस शहर के तमाम घरों में माटी देते गुजर गई साब।"

"माटी कहाँ से लाती हो?"

"माटाखान से लाती हूँ माटी।"

"वह माटाखान चढ़ी है तेरे नाम? अगर है तो हम तेरा नाम लिख देते हैं।"

"माटाखान तो मेरी रोजी है साहब!"

"बुढ़िया, हमें जमीन का कागज चाहिए, रोजी का नहीं।"

"बाँध बनने के बाद मैं क्या खाऊँगी साहब?"

"इस बात का फैसला तो हम नहीं कर सकते। यह बात तो तुझे खुद ही तय करनी पड़ेगी।"

टिहरी बाँध की दो सुरंगों को बन्द कर दिया गया है। शहर में पानी भरने लगा है। शहर में आपाधापी मची है। शहरवासी घरों को छोड़कर वहाँ से भागने लगे हैं। पानी भर जाने से सबसे पहले कुल श्मशान घाट डूब गए हैं।

माटीवाली अपनी झोंपड़ी के बाहर बैठी है। गाँव के हर आने-जाने वाले से वह एक ही बात कहती जा रही है–

"गरीब आदमी का श्मशान नहीं उजड़ना चाहिए।"

टापूटोल

हृषीकेश सुलभ

टापूटोल को अपनी अँकवार में भरकर बह रही है पनार।...और वह छटपटा रहा है। अँकवार से छूटकर निकल भागने के लिए किसी हठीले बालक की तरह ठुनक रहा है।

"...मैं चला जाऊँगा माँ...तुमसे बहुत दूर चला जाऊँगा मैं...बहुत दूर...तुम्हारी बाँहों के घेरे से निकलकर बहुत दूर चला जाऊँगा...मक्खी का रूप धरूँगा और उड़कर चला जाऊँगा घने वनों की ओर..." मोहम्मद आरिफ के कंठ से फूटती टाँसदार आवाज गूँज रही है। टापूटोल में पगली बयार की तरह पसर गई है आरिफ की आवाज।

"ओफ्फ!...पागलेर गान!" सत्तो पाइन करवट बदलते हुए बुदबुदाता है। सूफी सन्त सैयद पीर की रहमत की नूर चारों तरफ बरस रही है। उनकी गाथा के बोल मन्थर बहती पनार की धारा में घुल-मिलकर बह रहे हैं। उनकी गाथा 'सैतपीर' गा रहा है मोहम्मद आरिफ। टापूटोल के सत्तो पाइन को भी यह गान प्रिय है, पर वह नहीं सह पाता आरिफ की आवाज की टीस। सीधे छाती में उतरती है आरिफ की आवाज।

आधी रात को पनार किनारे बैठा अलख जगा रहा है चौबीस साल का जवान। एक फटही लुंगी लपेटे और पनार के तट पर धूनी रमाए जोगी की तरह आरिफ का रातें गुजारना सबसे ज्यादा सत्तों को चुभता है। सत्तो पाइन जानता है आरिफ की छाती में उठते जल-भँवर को। वह दोस्त है आरिफ का।

आरिफ की बुढ़िया महतारी कुछ नहीं समझ पाती है। हालँकि वह जानती है बेटे का दुख...। बचपन से गा रहा है उसका बेटा सैतपीर।...पर ऐसा तो कभी नहीं हुआ था! ऐसा नहीं हुआ कि उसकी आँखों की नींद, पेट की भूख और मन का उछाह सब लोप हो जाएँ।...अब साल पूरा होने को आया आरिफ की दुनिया को बदले...। वह उसे जबरन

खिलाती है।...चेहरे पर हँसी की एक झलक आ जाए, इसके लिए तरह-तरह के नाट्य करती है।...बेटे की आँखों में नींद का एक झोंका भर बन्द हो जाए, इसके लिए मिन्नतें मानती है। बेटे के पीछे-पीछे पगली की तरह डोलती-फिरती है बुढ़िया। सारे गाँव में घूम-घूमकर बिसूरती है। बेटे के पीछे घिसटते-घिसटते जब उसके पाँव थरथराने लगते हैं, राह-घाट कहीं भी भसककर बैठ जाती है और कंठ खोलकर रोती है।

''मत जा मेरे लाल...मत जा मुझसे बहुत दूर...मेरे बिना कैसे जिएगा तू भयानक वन में?...कैसे काटेगा अपने दिन-रात?...कौन पोंछेगा तेरी आँखों के आँसू?...कौन नींद में सहलाएगा तेरा माथा?...रुक जा मेरे लाल...मैं तुझे दूध में चावल पकाकर खीर खिलाऊँगी...रुक जा।''' सैतपीर गाथा के बोलों को अपनी टाँसदार आवाज में गूँथकर पनार की छाती में उतार रहा है मोहम्मद आरिफ।

पनार के पेट में बसा है टापूटोल। दक्षिण-पूरब के कोने से आती है पनार। पूरब, उत्तर और पश्चिम को घेरती हुई पश्चिम-दक्षिण के कोने से आगे निकल जाती है। दक्षिण की तरफ थोड़ी-सी धरती बचती है टापूटोल के निकास के लिए, जैसे जल में डूबे कलश का मुँह हो। यह मुँह फागुन में खुलता है और आषाढ़ की पहली वर्षा के समय धीरे-धीरे बन्द होने लगता है। आकाश में उमड़ते मेघों की छाया का ग्रास बनता जाता है टापूटोल। पनार की धारा पसरने लगती है और सिकुड़ने लगती है टापूटोल की धरती।

टापूटोल में पहले कुछ घर गनगयों के वशंज रहते थे। बाद में आकर शामिल हुए कुल्हैया मुसलमान। फिर आए पूर्वी बंगाल के उजड़े बंगाली। नेपाल की सीध से लेकर गंगा के तट तक भाँवर काटती, प्रलय मचाती कोशी में जैसे घुल-मिलकर पसरी है पनार, जोगजन, बहेलिया, दुलारदाई, कजरा, कमला और हिरान जैसी नदियों की धाराएँ, वैसे ही जीवन में कई धाराएँ घुल-मिलकर पसर गईं पनार के पेट में बसे टापूटोल की माटी पर।

विदा लेते जेठ की चाँदनी रात के अन्तिम प्रहर में कुनमुना रहा है टापूटोल। पनार के तट की रेतीली धरती पर बाँस के फट्टों की चँचरी बिछाए सोया है आरिफ। थोड़ी देर पहले ही उसकी आँख लगी है। पनार की जल-सतह पर टापूटोल के केला के बगानों, बँसवार और झोंपड़ियों पर चाँदनी की आखिरी खेप बरस रही है। बस कुछ ही देर बाद चाँदनी की स्निग्धता का यह इन्द्रजाल सिमट जाएगा। पनार की जल-सतह को अपनी लाल हथेलियों से हिलकोर देगा सूरज। विपदाओं भरे अगनिगत दिन-रात काटने के बाद ऐसी नूर भरी रातें मिलती हैं टापूटोल को। लम्बी प्रतीक्षा के बाद फागुन, चैत, वैशाख और जेठ की रातें आती हैं।

फजर की नमाज के लिए उठते हैं बुजुर्ग सुल्तान साँई। बधना उठाकर वजू के लिए झोंपड़ी से बाहर निकलते हैं। केला के बगानों को पार करते हुए नदी-तट तक पहुँचते हैं। आरिफ पर उनकी नजर पड़ती है। ढलान से नीचे उतरने की राह छोड़कर आरिफ तक आते हैं। पहले उसे भर आँख निहारते हैं। कलेजे में उठती हूक को दबाते हुए उसके सिरहाने बैठ उसके माथे पर अपनी हथेली फिराते हैं। आरिफ की आँखें अधखुली होती हैं और फिर मुँद जाती हैं। उसे लगता है, उसके सिरहाने बैठे सैयद पीर उसे आशीष दे रहे हैं। मानो कह रहे हों,...''जा, चला जा मेरे लाल...। चबा जानेवाली इस डाइन कोशी और उसकी बहन पनार के आँगन से निकल भाग...। यह तेरा सब कुछ निकल जाएँगी। मैं भी अब थक गया हूँ। चार सौ वर्षों से यह देखते-देखते मेरी आँखें थक चुकी हैं।...एक दिन ऐसा आएगा जब सिर्फ मैं ही इनके जबड़ों में फँसा अकेला चीखता रहूँगा...भटकता रहूँगा इस कब्रिस्तान में,...डूबता-उतराता रहूँगा इस जल-भँवर में...।''

''कैसे चला जाऊँ बाबा? किसके आसरे छोड़ जाऊँ बुढ़िया महतारी को?'' आरिफ बुदबुदाता है।

''आरिफ।...उठ बेटा, उठ!...भोर हो रही है। जा बेटा, घर जा।'' सुल्तान साँई की आवाज में थरथराहट है।

आरिफ की आँख खुलती है। पहले वह सुल्तान साँई को निहारता है और फिर भी अँकवार पकड़कर फफक उठता है। सुल्तान साँई उसे चुप कराते हैं। विदा करते हैं, और ढलानवाली राह पकड़कर वजू के लिए चल पड़ते हैं।

सुल्तान साँई को सब कुछ मालूम है। उन्हें मालूम है कि कैसे आरिफ की जिन्दगी की तमाम खुशियों को यह पनार निगल गई। खुशियाँ तो सबकी निगलती रही है यह नदी, पर फिर यही सौंपती है दुखों को सहने के लिए हिम्मत। यही बनाती है कलेजे को पत्थर ताकि इसकी धारा की चोट झेल सके आदमी। जैसे वह झेल रहे हैं।...पर सुल्तान साँई को आरिफ के कलेजे में उमड़ती-घुमड़ती नदी की धारा का आवेग मालूम है। इस धारा में उनका भी लहू शामिल है। वह जानते हैं सब कुछ।...आरिफ को अपने बाबा की सूरत याद नहीं। वह जब दुधमुँहा था तभी उसके बाबा को निगल गई पनार। निगल गई उसके दोनों भाइयों और बहन को।...और पिछले बरस,... सुल्तान साँई का कलेजा बैठने लगता है। उन्हें लगता है, नदी-तट की गीली धरती पाँवों को खींच लेगी।...ऐसे ही तट से ही खींच लिया था पनार की धारा ने जमीला को पिछले साल। तिरमिश काटा था पनार ने धरती को। तिरमिश! यानी भीतर ही भीतर। तीर की तरह लहरें घुसती थीं धरती के पेट में और खोखली होती जाती थी

धरती। और फिर अचानक गड़ाप। सब कुछ समा जाता था नदी के पेट में। धरती, वृक्ष, माल-मवेशी, झोंपड़ी और मनुष्य।...ऐसे ही खींचकर ले गई थी पनार उनकी जमीला को। अपनी बेटी जमीला को पनार का ग्रास बनते असहाय वह देखते रहे थे। भादों के उन भयानक दिनों में धू-धू कर जल उठी थी आरिफ की दुनिया। अपने भीतर आग की नदी के लिये पागलों की तरह चीखता-चिल्लाता फिरा था आरिफ। बस कुछ ही दिन तो बचे थे उनके निकाह में। सोचा था सुल्तान साँई ने कि पनार के उतरते ही अररिया जाकर केले की फसल बेचेंगे। दूल्हा-दुल्हन का जोड़ा खरीदकर लाएँगे और विदा करेंगे बेटी को...। जल-सतह पर धूमिल होते चाँद की छाया में विस्फोट होता है। कोई मछली सहसा उछलती और हिलकोर जाती है जल को। नमाज का वक्त हो रहा है। सुल्तान साँई वजू करने लगते हैं।

सत्तो पाइन की झोंपड़ी के सामने नीम का विशाल पेड़ है। आदमी के माथ से थोड़ा ऊपर जाकर उसका मोटा तना चार भागों में बँटकर चारों तरफ फैल गया है। इन्हीं डालों में बाँस बाँधकर हर साल मचान बनाता है सत्तो। इस मचान पर लगभग हर साल जीवन की आपाधापी मचती है। अटके हुए प्राण लिये देहों की रेल-पेल सहता यह नीम का पेड़ न जाने कब से खड़ा है।...पर अब इसके भी दिन पूरे हो चले हैं। कौन जाने इसी साल लील जाए पनार इसे! कटाव बहुत पास आ चुका है। पहले ऐसे नहीं काटती थी पनार। जल की धारा आती थी और कभी छूकर और कभी कुछ लेकर चली जाती थी।...पर अब तो बाघिन की तरह आती है पनार। धरती काटती, सब कुछ लीलती और जाते समय छोड़ जाती है बालू की परतें।

दातुन के लिए सत्तो पाइन नीम के पेड़ पर चढ़ा है। उसकी नजर आरिफ पर पड़ती है। वह आवाज देता है। नीचे उतरकर आरिफ के सामने जाकर खड़ा हो जाता है।

''आरिफ।'' सत्तो की आवाज पर आँखें उठाता है आरिफ।

''बोल।''

''तू मेरी बात नहीं मानेगा?'' सत्तो पूछता है।

''रात में नदी किनारे जाकर सैतपीर गाना छोड़ दूँ?'' आरिफ प्रतिप्रश्न करता है।

''नहीं रे, अगर वहाँ जाकर गाने से तेरा मन हलका होता है, तो तू वहाँ जाकर गाया कर। मैं काहे रोकूँगा?''

''फिर?''

''आरिफ। पिंटू मोड़ल जा रहा है। जलालपुर के हामिद और रामजी मंडल, बइसा के चनरमा जादोब और पैली उराँव,...कुछ और लोग भी हैं साथ में।...सब जा रहे हैं। कल रात कटिहार में गाड़ी पकड़ेंगे सब।'' सत्तो पाइन के स्वर में आग्रह है।

"ठीक तो है। इतने लोग जा रहे हैं। साथ रहेगा सबका। तू भी चला जा इनके साथ।" आरिफ सिर झुका लेता है।

"तेरा माथा फिर गया है। हमारी बात मान ले। साथ चल। उमर भर के लिए तो जाना नहीं है। सब जाते हैं। दो-चार टका जोड़-गाँठकर वापस लौटते हैं सब।" सत्तो समझाने की कोशिश कर रहा है।

आरिफ उसके हाथों से दातुन का एक टुकड़ा लेकर बिना जवाब दिए आगे निकल जाता है। सत्तो पाइन ठगा-सा जाते हुए आरिफ को देखता रहता है। सोचता है, ऐसा तो नहीं था उसका संगी। इसे अकेला छोड़कर वह कैसे जा सकेगा सबके साथ? नहीं। नहीं जाएगा वह भी। अब जो होना हो, यहीं हो। संगी को छोड़ परदेश नहीं जाएगा सत्तो पाइन।

पनार तट पर खड़ा आरिफ नदी की धारा को एकटक निहार रहा है। नदी झिर-झिर करती हौले-हौले बह रही है। आवेग रहित। प्रलय से पहले की शान्ति। बस कुछ ही दिन शेष हैं। आषाढ़ आने को है। आषाढ़ की पहली वर्षा के साथ ही रजस्वला हो जाएगी पनार और फिर भाँवर काटने लगेगी। ढोलक की थाप पर कमर लचकाते, हाथ चमकाते नटुआ की तरह नाच शुरू करेगी और देखते-देखते धारण करेगी डाकिनी-पिशाचिनी का रूप। नदी के ऊपर का आकाश अब रंग बदलने लगा है। मेघों का आना-जाना अब शुरू हो चुका है। हवा के झकोरों के साथ तैरते हुए आते हैं मेघ और चले जाते हैं। आकर जम जाने और अपना खेल शुरू करने से पहले मानो घूम-टहल रहे हों। तीन-चार माह के घरवास के पहले जैसे जाँच-परख रहे हों आकाश का कोना-कोना। नदी के पार हैं केला के बगान। इधर पनार उफनना शुरू करेगी और उधर फसल तैयार। जैसे-तैसे काटो, बेचो और भागो की अफरा-तफरी मचती है हर साल। इसके पहले कि लूट ले जाए पनार बहुत कम लोग सहेज पाते हैं अपनी फसल।

हरियाली से ढँका है पनार का तट। हवा की छुअन से लहरा रहे हैं चिकने-चमकते पात। जैसे पनार के समानान्तर सब्ज लहरोंवाली कोई नदी बह जाने पर लगता है, जैसे सब्ज लहरों पर लाल शंख तैर रहे हों। पिछले साल इन्हीं बगानों में वह जमीला के साथ...। उसे सताने के लिए घने पौधों की भूलभुलैया में उतर जाती थी जमीला। वह छिपती फिरती थी और आरिफ उसे ढूँढ़ता फिरता था। छिपती-भागती थक जाती थी वह और फिर आरिफ उसे पकड़ लेता। और अपनी बाँहों में भरकर वह गोद में उठा लेता और पौधों के बीच दौड़ता। वह चिकोटियाँ काटती, मुक्के लगाती, दाँच चुभो देती, तब उसे नीचे उतारता और चूम लेता।...और फिर लजाकर भागती जमीला। उतर जाती पानी में। तैरती जल में चल्हबा मछली की तरह कुलाँचें भरती...। और आरिफ तट पर खड़ा उसे निहारता रहता।

उस दिन तो पनार ने उसे जमीला को भर आँख देखने तक की फुर्सत नहीं दी थी। सुबह से ही पनार की चाल बदल गई थी। पनार की एक-एक हरकत, लहरों की हर एक चाल और आवाज को टापूटोल के लोग पहचानते हैं। सुबह ही लगने लगा था कि आज रात तक प्रलय मचाएगी यह डाइन। आरिफ, सत्तो और गाँव के कई युवक मदद माँगने अररिया गए थे। पर साहबों को सरकारी कागजों में ढूँढ़ने पर भी टापूटोल नहीं मिला था।...वापस लौट आए थे सब। अब किसके पास जाते गुहार करने? सुल्तान साँई ने गाँव छोड़कर भाग चलने का निर्णय दिया था क्योंकि धरती को तिरमिश काट रही थी पनार। छोटी डोंगियों और केले के तनों के सहारे सब बाहर निकलने की आपाधापी में लगे थे। अपनी डोंगी से बूढ़ों और बच्चों को अररियावाली पक्की सड़क के किनारे उतारकर लौट रहा था आरिफ। इस खेप में जमीला को जाना था। जमीला ने कहा था कि वह उसी की डोंगी पर जाएगी। वह तट पर इन्तजार कर रही थी। अपने गठीले बाजुओं के बल पर पनार की तेज धारा को काटता वापस लौट रहा था आरिफ कि तिरमिश काट ले गई पनार जमीला के पाँवों के नीचे की धरती। कुल सात लोग बह गए थे। लाशें तक नहीं मिलीं।

आरिफ की आँखें पनार के इर्द-गिर्द हमेशा घूमती रहती हैं। वह ढूँढ़ता रहता है अपनी जमीला को। अकसर अपनी डोंगी लेकर उतर जाता है पनार के पेट में और दूर...बहुत दूर तक जाता है। जब तक बाजुओं की मछलियाँ दर्द से फटने नहीं लगतीं, वह अपनी जमीला की खोज में पनार की धारा में बदहवास डाँड़-पतवार चलाता रहता है। वह जानता है, जमीला नहीं मिलेगी। वह पनार की कैद से बाहर निकल चुकी है। जाने कितनी नदियों का सफर तय किया होगा जमीला ने?...और न जाने किस घाट जाकर ली होगी उसकी देह!...पर आरिफ इस धरती को छोड़ना नहीं चाहता। टापूटोल की माटी और पनार के जल में उसकी जमीला की छवियाँ घुली-मिली हैं। वह रोज गाता है सैतपीर कि मैं इस देश को छोड़कर चला जाऊँगा, पर जा नहीं पाता। पाँवों को जकड़ लेती हैं मन की हजार-हजार बाँहें। सत्तो पाइन गाँव छोड़कर जा रहा है। जाए वह। पर आरिफ नहीं जाएगा।

पनार के तट पर खड़े आरिफ की आँखों के सामने जल-सतह पर तैरती जमीला की आकृति उभरती है।...जमीला तैर रही है।...आरिफ पनार में उतर जाता है और बाजुओं से लहरों को काटता, छाती से जल को ठेलता, तैरते हुए भागने लगता है जमीला की अनुपस्थित छाया के पीछे-पीछे।

डाइन कोशी का पेट फूल रहा है। जब से नेपाल की सीमा पर बाँध बना है, गर्भवती धामिन सर्पिणी की तरह फूलता जा रहा है कोशी का पेट। परत-दर-परत जमती जा

रही है रेत और बरसात के तटबन्धों को तोड़कर फैल जाती है अथाह जलराशि। कोशी का बयना पच नहीं पाता है उसकी बहनों के पेट में। रेत के ढूहों में बदलती जा रही है धरती।

भादों का पहला पखवारा चल रहा है। पनार ने हाथ-पाँव पसारना शुरू कर दिया है। केला के बगानों में पानी फैल चुका है। धरती भसभसाने लगी है। घौद की बोझ से लचक-लचक जाते हैं केले के पौधे। घौद काटकर अररियावाली पक्की सड़क तक पहुँचाना सबके बूते की बात नहीं। वहीं ट्रक लिये आते हैं दलाल और व्यापारी। जब तक ट्रकों पर घौद लद नहीं जाते, कलेजा धड़कता रहता है। आजकल सड़क के दोनों किनारे घौदों से पटे हुए हैं। लगता है, इस साल सड़क किनारे ही सड़ जाएँगे केले या फिर दोनों हाथों बटोरेगी पनार। वोट पड़नेवाले हैं। वोट के कारण ट्रकों का आना-जाना बन्द है। सरकार ने ट्रकों को जब्त कर लिया है।

फसल सहेजने में जुटे आरिफ को बुढ़िया महतारी की खबर मिलती है। हाथ-पाँव पसार दिए हैं उसने। आरिफ अपनी झोंपड़ी की ओर भागता है। बुढ़िया की बोली बन्द हो चुकी है। कभी-कभी आँखें खुलती हैं और फिर बन्द हो जाती हैं। सबकी राय है कि अब नहीं बचेगी बुढ़िया।...पर अपनी महतारी को मरने के लिए नसीब के भरोसे कैसे छोड़ दे आरिफ। नहीं। नहीं छोड़ेगा वह। सब तो चले ही गए। किसी ने उसकी सुधि नहीं ली। वह अपनी महतारी को ऐसे नहीं जाने देगा। वह अररिया जाएगा, बिना दवा-इलाज के नहीं मरने देगा।

सत्तो पाइन और दूसरे साथियों के साथ बुढ़िया को खटोली पर लादकर वह डोंगी पर सवार होता है। पनार को पार कर खटोली उठाए अररिया पहुँचता है।...पर यहाँ तो वोट का मेला लगा है। तीन दिनों बाद वोट पड़ने हैं। किसी को फुर्सत नहीं। अस्पताल में कोई सुननेवाला नहीं है। घंटों बाद डॉक्टर आता है। सत्तो को छोड़कर बाकी लोग वापस लौटते हैं। इलाज शुरू होता है। पास के पैसे चुक गए हैं। सत्तो को वापस गाँव जाकर पैसे का इन्तजाम करना होगा। सत्तो गाँव भागता है उसी रात।

तीन दिन बीत गए, पर सत्तो नहीं लौटा। आरिफ के मन में दुश्चिन्ताओं और शंकाओं का तूफान चल रहा है। आरिफ को छोड़कर उसकी बुढ़िया महतारी चली गई। लाश के साथ अस्पताल के अहाते में खड़ा आरिफ टूटकर बरसते आसमान का खेल सारी रात निहारता रहा। सुबह अररिया के ही कब्रिस्तान में कमेटीवालों की मदद से उसने जैसे-तैसे लाश को दफन किया। लोगों से पता चला कि सरकार ने कोशी के बाँध का फाटक खोल दिया है। सत्तो के वापस नहीं आने के कारण मन पहले से ही शंकाओं से भरा था। इस खबर ने उसे और आकुल कर दिया। पनार तो नाच रही होगी अभी। चुड़ैल की तरह चबा रही होगी धरती का चप्पा-चप्पा। कैसे लौटता उसका दोस्त सत्तो पाइन।

आरिफ तेज कदमों से वापस लौट रहा है। कैसे हैं टापूटोल के लोग? कहाँ रह गया सत्तो? वह शहर पार कर अपने गाँव के पासवाली सड़क की ओर बढ़ता है। सड़क के दोनों तरफ लोग ही लोग हैं। आस-पास के कई गाँवों के लोग। अपनी दुनिया अपनी पीठ पर लादे सड़क किनारे जैसे-तैसे फैले हैं सबके सब। रोने-कलपने की आवाज और कलेजे में उठती हूक की लहर में डूब-उतरा रही है सड़क। आज वोट का दिन है। बाढ़ के डूबे गाँवों के लिए मोबाइल बूथ लिये सरकारी लोग भी जुटे हैं। अपना सब कुछ गँवाकर भूखे-नंगे और रोते-चीखते सड़क किनारे पड़े लोगों से महादान माँगते फिर रहे हैं।

कुछ दूर और आगे बढ़ने पर आरिफ को उसके गाँव के लोग मिलते हैं। आरिफ के अररिया आने के बाद उसी रात से कटाव शुरू हो गया था। रात में पूरा-का-पूरा टापूटोल निगल गई पनार। केला के बगान, बँसवार, वृक्ष, माल-मवेशी और गाँव के कुछ लोग–देखते-देखते चले गए पनार के पेट में। सत्तो के घर के सामने खड़े नीम के विशाल पेड़ ने तो ऐसी डुबकी लगाई कि उसकी फुनगी तक नहीं दिखी। और सत्तो? जैसे-तैसे कुछ पैसे जोड़-गाँठकर अररिया आ रहा था उसी रात कि बाँहें फैलाकर खींच लिया पनार ने। सुल्तान साँई भी चले गए।

आरिफ सड़क किनारे खड़ा टापूटोल की दिशा में निहार रहा है। यहाँ से साफ-साफ दिखता था उसका गाँव। आरिफ की आँखें टापूटोल को खोज रही हैं। कुछ भी नहीं छोड़ा है पनार ने। अथाह मटमैले जल के विस्तार पर तैर रही हैं उसकी आँखें। अचानक टापूटोल उभर आता है। उग आते हैं अपने घौद के भार से झुकते केले के पौधे और आसमान को छेदने के लिए ऊपर उठते बाँस के नाजुक नुकीले गाभ...। जमीला दिखती है। एक छोटी-सी डोंगी लिये तेज-तेज पतवार चलाती जमीला। सड़क किनारे असहाय खड़े आरिफ को पनार की धारा पार कराने के लिए प्रबल वेग से लहरों को काटकर आती जमीला।...नहीं। वह नहीं जाएगा दिल्ली-पंजाब। कटिहार जाकर वह नहीं पकड़ेगा दिल्ली-पंजाब जानेवाली बड़ी रेलगाड़ी। वह इन्तजार करेगा पनार के उतरने का। वह इसी पनार की गोद में रहेगा। जब सरकारी कागज में टापूटोल है ही नहीं, तो जहाँ धरती खाली करेगी पनार, वहीं बसाएगा अपने गाँव के लोगों के साथ अपना गाँव–टापूटोल।

मुलुक

अवधेश प्रीत

ढेर सारा धुआँ उगलती मुगलसराय पैसेंजर जैसे ही रुकी, धनीराम अपना बक्सा लिये-दिए प्लेटफॉर्म पर लगभग कूद पड़ा। उसके अलावा इक्का-दुक्का सवारियाँ ही उतरी थीं और आड़ा-तिरछा रास्ता पकड़ चलती बनी थीं। क्षण-भर के लिए पैदा हुई हलचल, क्षण-भर बाद ही समाप्त हो गई थी। गाड़ी सीटी मारते हुए आगे बढ़ गई थी।

धनीराम बक्सा कन्धे पर लादकर अपने इस हाल्ट स्टेशन के बाहर आया और फिर ठिठककर आसपास की चीजों को ममता से निहारने लगा।

साँझ का धुँधलका गहराने लगा था। बाहर एक झोपड़ी में ढिबरी जल रही थी। धनीराम को पहचानते देर नहीं लगी कि यह झोंपड़ी दीना साह की चाय की दुकान है। अचानक चाय की तलब जोर मारने लगी। वह सीधे उस दुकान की ओर बढ़ गया। दुकान के सामने एक बेंच पड़ी थी, जिसका एक पाया गायब था। गायब पाए वाली जगह पर तीन-चार ईंटें लगी हुई थीं। धनीराम उस बेंच पर बैठते हुए बोला, ''राम-राम साह जी।''

झुर्रीदार चेहरे वाले दीना साह ने अपने चश्मे के भीतर से झाँकते हुए धनीराम को पहचानने की कोशिश की। धनीराम समझ गया। उसने स्वयं बताना शुरू कर दिया, ''हम हैं साह जी, धनीराम। परमेसर राम के बेटा। उतराँव घर है।''

''अरे, धनिया है रे?'' दीना साह ने उसे पहचान लिया था। उनके स्वर में हैरत थी, ''तू तो पंजाब गया था? का हालचाल है, रे! सुना, वहाँ बड़ी मारकाट चल रही है।''

धनीराम के शरीर में अचानक झुरझुरी छूट गई। वह सिहर उठा।

जिस खौफ से पीछा छुड़ाकर भागा था, उसकी याद आते ही वह बुरी तरह दहशत में घिर

गया। मुश्किल से उसके बोल फूटे, "हाँ, साह जी, पंजाब में आजकल कोई की जान की खैर नहीं है। हम भी किसी तरह भाग-परा के आए हैं।"

"हे राम!" दीना साह ने उसाँस ली, "अरे, जिनगी बच गई। यही बहुत है। ले चाह पी।"

धनीराम चाय का कुल्हड़ लेते हुए पुलक से भर उठा। कुल्हड़ की सोंधी गन्ध नथनों में भरते हुए वह धीरे-धीरे पंजाब की दहशत से मुक्त होने लगा था।

चाय पीकर उठा और दीना साह को पैसे देते हुए पूछा, "साह जी, हमरे गाँव का हालचाल सब ठीक है न।"

दीना साह पैसे लकड़ी की सन्दूक में रखते हुए बोले, "इधर कई दिन से उतराँव का कौनो आदमी नहीं आया है। बाकी बुधना से दस-बारह दिन पहले भेंट हुई थी। ऊहे बता रहा था कि गाँव में थोड़ा तनातनी चल रही है, तोरे टोल का मजूर सब हड़ताल कर दिया है, मजूरी-उजूरी बढ़ावे खातिर। बाबू साहेब लोग गुस्साया हुआ है।"

अचानक बुधना का जिक्र आते ही धनीराम के मन में सुरसुरी होने लगी। बुधना उसका दोस्त। कलकत्ता जूट मिल में काम करता था। पहली बार बुधना जब गाँव लौटा था तो नेता की तरह बड़ी-बड़ी बातें करने लगा था। वह धनीराम को दुनिया-जहान की ऐसी-ऐसी बातें समझाता-बुझाता था कि धनीराम अचरज से उसका मुँह ताकता रह जाता।

तभी दीना साह ने उसे टोक दिया, "धनिया, जल्दी निकल जा। जादा अबेर करना ठीक नहीं। जमाना बड़ा खराब है। दू कोस जमीन मामूली बात नहीं है।"

"अरे, साह जी।" धनीराम बक्सा सँभालते हुए बोला, "अब अपना मुलुक में डर काहे का। सभे जान-पहचान का है।" उसके स्वर में स्वतः स्फूर्त निडरता थी।

गाँव का रास्ता पकड़ते ही धनीराम के पैरों में जैसे तेजी आ गई। बक्सा हालाँकि भारी था, लेकिन इस वक्त वह अपने घर पहुँच जाने के उत्साह से भरा था। रात गहराने लगी थी। चारों ओर घुप्प अँधेरा था। रास्ते में धूल भरी थी। एक जगह रुककर उसने अपनी पतलून के पायँचे मोड़े, गमछे से मुँह पोंछा और फिर तेज-तेज कदमों से चल पड़ा। सुनसान रास्ते में उसका दिमाग तरह-तरह की यादों में उलझने लगा था।

वह पूरे दो साल बाद गाँव लौट रहा था। इन दो सालों के दौरान उसे अकसर माँ-बाप और बहन की याद आती रही थी। इधर कई महीने से घर-गाँव की कोई

खबर नहीं मिली थी। मिलती भी कैसे, उसका कोई ठौर-ठिकाना रह ही कहाँ गया था। जब से पंजाब में मार-काट मची थी, वह दर-दर अपनी जान बचाने के लिए भटकता फिरा था। कभी इस गाँव तो कभी उस गाँव।

शुरू के दिनों में वह लुधियाना के एक गाँव में काम करता था—सरदार सुरजीतसिंह के फार्म पर। उसी फार्म पर उस जैसे कई और 'भइए' थे। सब बड़ा ठीक-ठाक चल रहा था कि अचानक एक दिन फार्म पर हड़कम्प मच गया था। कहीं बाहर से आए तीन-चार लोगों ने सरदार सुरजीत सिंह को घेर लिया था। उन सबने सरदार जी को कड़कते हुए आदेश दिया था, "अपने फारम के सारे भाइयों को बुला..."

सरदार जी उन सबकी मंशा भाँप गए थे। वह अपनी बन्दूक उठाने के लिए लपके ही थे कि तड़-तड़-तड़ कई गोलियाँ छूटी थीं और वह वहीं ढेर हो गए थे। गोलियों की आवाज सुनते ही शोर हो गया था। सारे के सारे हत्यारे फायर करते हुए निकल भागे थे।

इस घटना से पूरे गाँव में दहशत फैल गई थी। सरदार जी का परिवार बुरी तरह आतंकित हो उठा था। धनीराम दूसरे कई मजदूरों के साथ गाँव छोड़कर चल पड़ा था। और फिर तभी से शुरू हो गई थी, डर-छुपकर जीने और जान बचाकर अपने मुलुक वापस चले जाने की कोशिश! हर दिन राम-राम कर बीता था और जिसको जैसे जुगाड़ बन रहा था, वह अपने मुलुक की ओर रवाना हो रहा था।

अपना मुलुक! धनीराम को विश्वास ही नहीं हो रहा था कि वह सही-सलामत लौट आया है। इस वक्त जबकि वह धूल-भरे रास्ते में अपना बक्स कन्धे पर उठाए गाँव की ओर बढ़ता जा रहा था, अपने आपको बहुत सौभाग्यशाली मान रहा था।

उसे फिर बुधना की याद हो आई। बुधना ने उसे पंजाब जाने से बहुत रोका था। कहता था, 'देख धनिया, पहली बात तो यह कि मजूर चाहे कहीं पर रहे, उसका खून चूसा जाएगा ही, चाहे वह पंजाब हो चाहे कलकत्ता। हमारी बात मानो तो कहीं जाने-वाने की जरूरत नहीं है। हम भी कलकत्ता छोड़कर यहीं रहेंगे।'

तब उसे विश्वास नहीं हुआ था कि बुधना कलकत्ता छोड़कर गाँव में ही रह जाएगा। लेकिन वह रह गया था। पंजाब में जब धनीराम को अपने बाबू की चिट्ठी मिलती तो उसमें बुधना का भी जिक्र होता। बाबू की चिट्ठी से ही उसे पता चला था, 'बुधना आजकल नेतागीरी करने लगा है। गाँव के मजूर सबको भाषण दे-देकर बाबू साहब लोग से सावधान रहने को कहता है। टोला का जवान लड़का सब उसकी बात बहुत मानता है। वह तुमको भी बहुत याद करता है।'

धनीराम को यह सब कुछ जानकर रोमांच हो आता और तब पंजाब उसे बहुत बुरा लगने लगता। अकसर मन करता कि वह उड़कर अपने गाँव-टोल में पहुँच

जाए और कहे, 'बुधना, तू ठीक कहता था कि मजूर का खून हर जगह चूसा जाता है।'

खून तो उसके माँ-बाप का भी चूसा जाता रहा था। उसने अपनी आँखों से देखा है कि उसका बाप रामदहिन बाबू की हलवाही करते-करते बुढ़ा गया, लेकिन कभी भरपेट भोजन नसीब नहीं हुआ। माँ घर-घर गोबर पाथती और बाबू साहब की मेहरारू-औरत की सेवा-टहल करती, फिर भी तन पर साबुत साड़ी नहीं हो पाई। बहन जवान हो गई थी, उसकी शादी की चिन्ता सबको घुन की तरह खाए जा रही थी। वह यह देख-देखकर तड़प उठता। हालाँकि वह भी बनिहारी मजदूरी करके बाप को कुछ मदद कर दिया करता था, लेकिन उस साल सूखा ऐसा पड़ा कि सब काम-धाम बन्द हो गया। फाकाकशी की बुरी नौबत आ गई।

उस साल टोल के कई जवान मरद गाँव छोड़कर काम की तलाश में निकल पड़े थे। बुधना यह सब देखकर बहुत दुखी हुआ था। उसने धनीराम से पूछा था, 'धनिया टोल का सब लोग भाग के कहाँ जा रहा है रे? शहर में काम-धन्धा फेंका पड़ा है क्या? फिर गाँव खाली मजूर ही काहे छोड़ रहा है? बाबू साहेब लोग गाँव काहे नहीं छोड़ता?' बुधना ने उसके चेहरे पर आँखें गड़ा दी थीं। वह कुछ समझ नहीं पाया था। बुधना ने उसे समझाया था, 'इसलिए कि वो लोग भूखों नहीं मरेगा, कोठी में अनाज भर के रख दिया है। ऊपर से सरकार सूखा के लिए बाबू साहेब लोग को ही सहायता देगी। मजूर को क्या मिलेगा? लेकिन हम पूछते हैं कि खून-पसीना एक कर देनेवाला मजूर भूख से काहे मरे?'

तब उसकी बात धनीराम की समझ में नहीं आई थी। उसके सामने भूख का बढ़ता शिकंजा था। वह बिना कुछ सोचे-विचारे काम-धन्धे की तलाश में निकल पड़ा था। रमपुरवा का गजाधर पंजाब में काम करता था। उसी से उसने पंजाब के कई किस्से सुन रखे थे। उन किस्सों में दूध, दही, घी-मक्खन, साग, रोटी, मांस, दारू और खनखनाते पैसों का आकर्षण था। धनीराम के लिए पंजाब जाने का मतलब था किस्मत के दरवाजे का भड़भड़ाकर खुल जाना।

लेकिन पंजाब पहुँचने के बाद ही उसे लगने लगा था, मजूर चाहे कहीं रहे, उसकी किस्मत का दरवाजा खुलना उतना आसान नहीं, जितना वह अपने मुलुक में रहकर सोचा करता था।

सोचते-सोचते धनीराम काफी जमीन तय कर आया था। अँधेरी रात थी, इसलिए रास्ता कटना और भारी होता जा रहा था। थोड़ी देर ठहरकर उसने आसपास की जगह को तजबीजने की कोशिश की। वह इस वक्त 'लाला की बारी' में था। अचानक झुरझुरी छूट गई। इसी बारी में भुतहा महुआ का पेड़ है, याद आते ही वह और सजग हो गया। घड़ी देखा—साढ़े दस बज रहे थे। वह एक पल की भी देरी किए

बगैर 'लाला की बारी' पार कर जाना चाहता था। वह बड़े-बड़े डग भरने लगा, जैसे कि कोई उसका पीछा कर रहा हो।

गाँव के नजदीक पहुँचते-पहुँचते वह भावातिरेक से भर उठा। एक-ब-एक माँ-बाबू का चेहरा आँखों में तैर गया। वह यह सोचकर आर्द्र हो उठा कि उसे देखते ही माँ खुशी के मारे कहीं रो न पड़े। बाबू दुलार से भरकर उसे कितना आशीषेंगे और छोटकी 'भइया-भइया' करके सारा घर सिर पर उठा लेगी। एक अजीब-सी हूक उठी उसके मन में, किसी के लिए कुछ ला नहीं सका।

उसने स्वयं को टोका—धनीराम, वो देखो चीजन राय बाबू साहेब की कोठी और वह...मुखिया जी का बैठका। उधर पूरब की ओर रामदहिन बाबू का मकान। यह सब कुछ कितना पीछे छूट गया था। उसे लगा, गाँव का पूरा नक्शा उसके दिमाग में उभर आया है।

और बाबू साहेब लोग के टोले से थोड़ी दूर हटकर है उसका टोला—चमर टोल।

धनीराम पुरनका पोखर के नजदीक पहुँच गया था। ठहरा हुआ पानी...घनघोर अँधेरे में पोखरे का पानी एकदम सोया हुआ...शिवाले पर भी सुनसान था।

मन पोखर में हाथ-मुँह धोने को मचल उठा। बक्सा किनारे रखकर, पतलून का पायँचा घुटने तक चढ़ाकर पानी में उतर आया वह। ठंडा-ठंडा पानी सारे शरीर में सिहरन पैदा कर गया। छपा-छपा हाथ-मुँह धोते हुए उसका मन अघा नहीं रहा था। शरीर की थकान धीरे-धीरे उतरने लगी थी जैसे।

अचानक एक अजीब-सा शोर उठा। वह भौचक गाँव की ओर देखने लगा। पल-भर को कुछ समझ नहीं पाया कि इतनी रात में ऐसे भयानक शोर का क्या मतलब है। वह हड़बड़ाकर पोखर से बाहर आया। तभी बन्दूक से गोलियाँ छूटने की आवाज से वह सिहर उठा। उसे लगा जैसे उसके टोल में कुहराम मच गया हो। चीखने-चिल्लाने की आवाजें बढ़ने लगीं। वहशी आवाजों का शोर भी तेज हो गया था, 'मारो, सालों को।'

'एक भी चमार बचना नहीं चाहिए।'

धनीराम दहल गया। वह तेजी से बक्सा उठाकर शिवाले में घुस गया। शिवाले में भी घुप्प अँधेरा था। अपने आपको एक कोने में छुपाते हुए वह स्थिति का जायजा लेने लगा।

उसने शिवाले के झरोखे से झाँककर देखा। बाहर जैसे उसके टोल पर कहर टूट पड़ा था। धू-धू कर टोले की झोंपड़ियाँ जलने लगी थीं। जलती हुई झोंपड़ियाँ से उठनेवाली लपलपाती आग ने अँधेरे को चीरकर रख दिया था। आग की तेज रोशनी में वह टोल में हो रहे प्रलयंकारी ताडंव को साफ देख रहा था।

उसके टोल को गाँव के बाबू साहब लोगों ने चारों ओर से घेर रखा था। और इधर-उधर भाग रहे चमरटोल के लोगों को पकड़-पकड़कर बेरहमी से आग में झोंके दे रहे थे। जिन्दा जलते लोगों का आर्तनाद धनीराम का कलेजा चीरे जा रहा था। अपनी आँखों से इतनी खूँखार मौतें देखकर उसका सारा शरीर थर-थर काँपने लगा। उसकी आँखों में माँ-बाबू, बहन और बुधना के चेहरे उतर आए। दिल दहल गया। सिर चकराने लगा। समझ नहीं पा रहा था...वह कहाँ आ गया है। डर और तकलीफ का यह बेबस क्षण उसकी कल्पना से परे था।

उसकी चेतना पर बीभत्स मौत का नंगा नाच हावी होता जा रहा था। आखिरकार, वह गश खाकर गिर पड़ा।

धनीराम की चेतना लौटी तो उसने अपने इर्द-गिर्द वही सर्द सन्नाटा और घुप्प अँधेरा महसूस किया। थके-हारे मन ने उसके तन को तोड़कर रख दिया था। एक-ब-एक सारा दृश्य उसकी आँखों में सजीव हो उठा। वह हड़बड़ाकर खड़ा हो गया। झरोखे से झाँककर बाहर की ओर देखा। सब कुछ शान्त था, मुर्दानगी छाई हुई थी।

उसे लगा, यहाँ रुकना खतरे से खाली नहीं है। तय किया जितनी जल्दी हो वह यहाँ से निकल भागे। हड़बड़ाकर अपना बक्सा उठाया। मूर्ति पर मत्था टेका और बाहर निकल आया। दबे पैरों से चलते हुए उसने वातावरण का जायजा लिया। हवा में जले हुए मांस की दुर्गन्ध फैली हुई थी। झोंपड़ियों से अब भी धुआँ उठ रहा था।

अचानक उसे फिर बुधना की याद हो आई। जैसे बुधना कह रहा हो, 'धनिया, मजूर चाहे कहीं रहे, उसका खून चूसा जाएगा ही...' उसे लगा, उसकी रगों में बह रहा खून उबलने लगा है। समझ नहीं पा रहा था, इस वक्त वह क्या करे? एकदम ठिठककर रह गया वह। मन ऊभचूभ हो रहा था। जैसे कोई शक्ति उसे उकसा रही थी वह आखिरी बार अपने परिजनों को देख ले, कि अपने उस जले हुए घर की राख को छुए, जहाँ उसकी जिन्दगी के तमाम सुख-दुख बीते हैं, कि जहाँ खेल-खालकर वह बड़ा हुआ है, कि जिसकी छाँह ने उसके जख्मों को सहलाया है। और एक अजब साहस उसके अन्दर पनपने लगा। मुट्ठियाँ भिंची और यकायक वह चोर कदमों से तेज-तेज अपने टोल की ओर बढ़ चला।

दूर-दूर तक कहीं कोई आगम नहीं था। अपने आपको छिपाता-लुकाता, वह चमरटोल में घुस आया था। घुप्प अँधेरे में कुछ सूझ नहीं रहा था, लेकिन जले मांस की दुर्गन्ध उसके मन को मथ रही थी। चारों ओर जली हुई झोंपड़ियों के खपच्चे और राख के ढूह नजर आ रहे थे। कहीं कोई स्पन्दन नहीं सुनाई पड़ रहा था। कोई

बचा भी कहाँ होगा? उसने अपनी आँखों से जिस वहशी दृश्य को देखा है, उसके बाद किसी के जीवित बचे होने की सम्भावना भी कहाँ थी?

टटोलते कदमों से बढ़ने के बावजूद वह किसी चीज से टकरा गया। झट झुककर देखा। वह बुरी तरह जली हुई लाश थी–इतनी बीभत्स और बेरहम मौत देखकर उसकी आँखें भर आईं। आँखें मूँदकर गहरी-गहरी साँसें लेने लगा–हे भगवान, यह कहाँ आ गया!

क्षण-भर बाद ही वह फिर अपने जले घर की ओर बढ़ने लगा। आतंक के मारे उसका हाल बुरा हुआ जा रहा था। हड़बड़ाहट में फिर वह किसी चीज से टकरा गया। इस बार धम से वहीं बैठ गया वह! यह भी लाश ही थी! वह इस लाश को देखने का मोह संवरण नहीं कर पाया। जेब से लाइट निकालकर जलाया। लाइटर की मद्धिम रोशनी में भी उस लाश को पहचान गया–वह बुधना था। उसके सीने में गोलियाँ लगी थीं। सारा शरीर खून से लथपथ था, लेकिन उसके चेहरे पर एक अजब किस्म की सख्ती मौजूद थी।

धनीराम सिहर उठा। आँखें मुँद गईं। उसने बेहताशा बुधना को चूमना शुरू कर दिया। वह भूल ही गया कि वह अपने माँ-बाप और बहन को भी आखिरी बार देखना चाहता है। अपने आप पर काबू नहीं रख पाया वह। अनायास आँखें छलछला आईं।

अचानक उसके चेहरे पर किसी टॉर्च की तेज रोशनी पड़ी। वह हड़बड़ा गया। लगा, मौत उसके सिर पर आ खड़ी हुई है। उसने चुँधियाई आँखों से देखा, तीन-चार युवक लाठियाँ लिये खड़े थे। उनमें से एक ने चीखते हुए पूछा, "कौन है रे?"

इससे पहले कि वह कुछ समझ पाता, एक दूसरी आवाज उभरी, "अरे, ई तो परमेसरा चमार का बेटा धनिया है।"

"आँय!" मानो कोई अप्रत्याशित विस्फोट हुआ हो, "ई साला चमार का बच्चा बचिए गया?...मार साले को!"

धनीराम की थरथरी छूट गई। वह बुरी तरह सकते में आ गया था। तभी उस ललकारती आवाज के साथ ही वे चारों लठैत युवक उसकी ओर झपट पड़े। वह सर पर मँडराती मौत के अहसास से ही काँप गया। पलक झपकते ही उसने फैसला ले लिया कि वह इतनी अकेली और नापाक मौत नहीं मरना चाहता, कि वह बुधना की तरह लड़ते हुए मरेगा। लेकिन उसे लगा कि इस वक्त लड़ने के लिए वह अकेला नाकाफी है।

और फिर एक झटके से उठ पड़ा वह। उसे इस हड़बड़ी में अपने बक्सा का खयाल भी नहीं आया। वह बिना एक पल गँवाए बन्दूक से छूटी गोली की तरह पूरे जी-जान से अँधेरे को चीरता हुआ दौड़ पड़ा।

उसके पीछे-पीछे वे वहशी युवक भी दौड़ पड़े। उनमें से एक चीख रहा था, "साला बचके न जाने पाए।"

और फिर दूसरी-तीसरी-चौथी आवाजें आपस में मिलकर धनीराम की मौत का परवाना बनती जा रही थीं। दरिन्दगी उसका पीछा कर रही थी और वह भागा जा रहा था–बेहताशा...बदहवास...बेछोर...।